# 国内信用证与
# 福费廷电子化

周红军　著

中国金融出版社

责任编辑：黄海清　白子彤

责任校对：潘　洁

责任印制：张也男

## 图书在版编目（CIP）数据

国内信用证与福费廷电子化/周红军著 . —北京：中国金融出版社，2020.5

ISBN 978 - 7 - 5220 - 0541 - 6

Ⅰ . ①国…　Ⅱ . ①周…　Ⅲ . ①信用证—研究—中国

Ⅳ . ①F830.52

中国版本图书馆 CIP 数据核字（2020）第 037377 号

国内信用证与福费廷电子化

GUONEI XINYONGZHENG YU FUFEITING DIANZIHUA

出版

发行　　中国金融出版社

社址　北京市丰台区益泽路 2 号

市场开发部　（010）66024766，63805472，63439533（传真）

网 上 书 店　http://www.chinafph.com

　　　　　　（010）66024766，63372837（传真）

读者服务部　（010）66070833，62568380

邮编　100071

经销　新华书店

印刷　保利达印务有限公司

尺寸　169 毫米 × 239 毫米

印张　17.25

字数　237 千

版次　2020 年 5 月第 1 版

印次　2020 年 5 月第 1 次印刷

定价　65.00 元

ISBN 978 - 7 - 5220 - 0541 - 6

如出现印装错误本社负责调换　联系电话（010）63263947

# 前　言

当前，随着大数据、区块链、云计算、5G 技术、人工智能、物联网、API 生态系统、行为生物识别技术等前沿技术在金融领域的广泛运用，金融科技赋能作用得以充分发挥，尤其在丰富服务渠道、完善产品供给、降低服务成本、优化融资环境等方面形成新的业态，提升了金融服务质量与效率，推动实体经济健康可持续发展。

2019 年 12 月 9 日，中国人民银行清算总中心依托全国银行间大额支付网络上线了电子信用证信息交换系统（以下简称电证系统），正是顺应时代发展，开展的又一重要金融基础设施实践，未来有望扩展成为集贸易结算、贸易融资、支付清算、单证托管、银行间市场、交易所市场、保险与再保险市场等于一体的新型金融基础设施共享平台。该基础设施抓住了信用证这一兼具结算、担保、融资、资产证券化等功能且为国际通用金融工具这一关键，为企业、银行、保险、券商、基金公司、资管公司等提供了信用证结算与融资业务跨机构、跨地域、跨市场、跨业态"一站式"综合服务，在提高金融风险识别、加强贸易背景监控、统一操作规范基础上，加快驱动新时代贸易结算与融资金融服务升级换代，提升金融服务实体经济的能力和实际效果，该基础设施搭建的场景也将成为央行货币政策定向传导的又一重要通道。

相比其他金融工具而言，信用证作为国际通用的结算与融资工具，由于将商业信用转换为银行信用，较好解决了买卖双方贸易交易款项结算信任机制问题，以及困扰实体经济的融资难、融资贵问题。通俗地说，信用证就是"企业的信用卡（银行给予买方一定的授信额度）＋支付宝（买方担心付款后收不到货、卖方担心发货后收不到款）"。信用证诞生已有200多年历史，国际商会早在1933年就制定了《商业跟单信用证统一惯例与实务》。在中国，虽然1997年中国人民银行就发布了《国内信用证结算办法》，2016年又进行了全面修订，但因信用证操作手续复杂、交易流程长、技术性要求高、无跨行通信网络支持等原因，仅大中型银行开展此项业务，广大中小银行、中小企业过去较少涉足国内贸易信用证结算与福费廷融资业务，如今随着电证系统的上线，国内信用证结算与福费廷融资操作变得简单便捷，尤其是随着5G的商用，电证系统支持实体经济发展赋能作用将得以充分发挥，或将成为金融科技新风口，进而改变传统贸易结算与融资的业务模型、运营流程和商业生态。

为帮助企业、银行、保险、券商、金融科技公司等，尤其是广大中小企业、中小银行熟悉了解新时代国内贸易信用证结算与福费廷融资等业务，本书就国内信用证、福费廷及二级市场、贸易保险、应收账款资产证券化等，从概述、操作、风控、电子化运营等方面进行全面介绍，积极探索传统贸易结算与融资的数字化转型、科技赋能和技术创新。

本书在写作过程中，得到了中国人民银行支付结算司领导、清算总中心领导，中国支付清算协会领导，中国银行业协会领导，中志支付清算服务（北京）有限公司领导，银清科技（北京）有限公司领导，大家保险集团（原安邦保险集团）领导等的大力支持，在此对他们提供的帮助表示最诚挚的感谢。

虽然作者从事贸易结算与融资、海外投资与融资等工作超过 25 年，曾全程参与国际信用证惯例、福费廷惯例、保函惯例、国内信用证结算办法等的修订工作，曾牵头建设首个国内信用证互联网综合金融服务"邦贸易"平台，并应邀全程参与央行电证系统建设，但始终感到水平有限，本书难免会有错误、疏漏或不尽如人意的地方，敬请读者批评指正。

周红军

**2020 年 2 月 9 日**

# 目　录

# 第一章

## 概述

　　本章主要介绍国内信用证、福费廷及二级市场交易、应收账款债权资管计划、其他国内信用证融资业务及信用保险的定义、起源与发展、特点、主要当事人、优势、同类业务比较、法规与惯例、当前开展情况等基本应知应会内容。

# 第一节
# 国内信用证

信用证是一种历史悠久的结算方式，其作为独特的商业和融资工具，广泛应用于国际贸易与国内贸易结算，能较好地解决买卖双方信任度问题，并能为买卖双方提供形式多样的融资，从而促进买卖交易的顺利达成，支持实体经济发展。多年的市场实践证明，信用证具有付款机制高效和融资成本低廉等特征，是维持其在贸易往来中的生命力、竞争力和商业活力所在，并已成为全球解决中小微企业融资难、融资贵问题的首选贸易结算工具之一。

## 一、定义

国内信用证[①]是指银行（包括政策性银行、商业银行、农村合作银行、村镇银行和农村信用社）依照申请人（贸易合同的买方）的申请开立的、对受益人（贸易合同的卖方）提交的相符交单予以付款的承诺，是以人民币计价、不可撤销的跟单信用证。

用一句通俗的话来表述就是，国内信用证是国内各类银行机构出具的有条件付款承诺，这个条件就是提交符合信用证规定的单据。只要开证行收到与信用证规定的相符单据，就必须无条件履行信用证项下付款责任，即国内信用证项下承担直接付款责任的是开证银行，而不是贸易合同买方。

---

① 定义来自《国内信用证结算办法》（中国人民银行、中国银行业监督管理委员会〔2016〕第 10 号）。

国内信用证被广泛使用的场景主要有两个：一是当买卖双方缺乏一种双方相互满意的信任基础时，可通过信用证结算由开证银行增信的方式为买卖双方达成交易提供条件；二是当买卖双方有资金融通及应收/应付账款管理需要时，可通过使用信用证结算获得融资便利和收款确定性。

## 二、起源与发展

信用证，作为国际通用的支付结算工具，已有 200 多年的历史，国际商会早在 20 世纪二三十年代就制定了全球通用的《跟单信用证统一惯例》（UCP），经过数次修订，目前使用的版本是 2007 年 7 月 1 日生效的 UCP600。

国内信用证，顾名思义是信用证在国内贸易中的应用，1997 年中国人民银行颁布了《国内信用证结算办法》和《信用证会计核算手续》（银发〔1997〕265 号），标志着国内信用证正式成为国内贸易的一种结算工具。1999 年中国银行办理第一笔国内信用证后，因多种因素始终发展缓慢。直至 2008 年国际金融危机的爆发，与国内贸易相关的市场、信用和融资等出现问题，作为在国际贸易中广泛应用的信用证因能较好解决买卖双方资信、货物安全发送及融资等问题，被广泛运用到国内贸易中来，从此推动了国内信用证业务的蓬勃发展，到 2015 年国内信用证年度业务量已达 1.96 万亿元人民币。

2016 年，中国人民银行为更好地适应国内贸易需要，促进国内信用证业务健康发展，规范业务操作及防范风险，保护当事人合法权益，与中国银行业监督管理委员会（银监会）以联合公告形式（〔2016〕第 10 号）发布了新的《国内信用证结算办法》，新办法扩大了行业适用范围，除货物贸易外，增加了服务贸易；扩大了开证银行范围，扩大至政策性银行、商业银行、农村合作银行、村镇银行和农村信用社等各类银行机构；延长了付款期限，最长信用证付款期限由原来的 6 个月延长至一年。以上政策松绑，为促进国内信用证快速发展创造了良好的政策环境。

# 三、特点

200 多年来，信用证之所以成为广为接受的贸易结算方式之一，其中最重要的原因就是信用证所具有的独立性原则、单据交易与严格相符原则、欺诈例外原则三大特点，或称三大黄金原则。

## （一）独立性原则

《国内信用证结算办法》第七条指出，信用证与作为其依据的贸易合同相互独立，即使信用证含有对此类合同的任何援引，银行也与该合同无关，且不受其约束。银行对信用证作出的付款承诺，不受申请人与开证行、申请人与受益人之间关系而产生的任何请求或抗辩的制约。

信用证与基础合同或基础交易相互独立，从而使货物或服务的卖方（即信用证受益人）只要交付货物或提供服务后提交信用证规定的相符单据，就能够确定地收回货款，不用担心因基础合同项下存在争议而导致收不到货款，即只要受益人提交了符合信用证条件和条款要求的单据，开证行就必须毫不延迟地付款或承兑。

独立性原则是信用证作为贸易结算主要支付机制的根本原则，也是最核心原则，是保证信用证流通性及付款及时性、确定性的支付机制根本，是信用证的商业价值所在，此原则也是各国法院处理信用证纠纷争端时优先考虑的原则。

## （二）单据交易与严格相符原则

《国内信用证结算办法》第八条指出，在信用证业务中，银行处理的是单据，而不是单据所涉及的货物或服务。

信用证项下各方交易的是单据，而不是基础合同或基础交易项下的货物或服务。受益人只要提交相符单据就能获得开证行的兑付，基础合同项下产生的纠纷和信用证无关，除非出现法律明确规定的欺诈情形。

开证行作出接受单据付款或拒付的唯一依据就是受益人提交的单据和信用证条件、条款是否相符。相符交单是指受益人提交的单据与信用证条款、国内信用证结算办法的相关适用条款、信用证审单规则及单据之内、单据之间相互一致的交单，且开证行只对单据表面进行合理谨慎审单。

### （三）欺诈例外原则

《国内信用证结算办法》第四条指出，信用证业务的各方当事人应当遵守中华人民共和国的法律、法规以及本办法的规定，遵守诚实信用原则，认真履行义务，不得利用信用证进行欺诈等违法犯罪活动，不得损害社会公共利益。第五条指出，信用证的开立和转让，应当具有真实的贸易背景。

正如古老的罗马法格言：欺诈使得一切无效。信用证交易各方应始终秉持诚实和善意，法律将不会允许其程序被不诚实的人用来作为欺诈的工具，即法律不保护欺诈。在充分证据表明信用证项下单据存在欺诈，且开证行在合理时间内尚未对外付款或承兑，法院可以根据开证申请人请求，并在其提供担保的情况下发出止付令。

欺诈例外原则的实质是为了防止卖方（受益人）借助信用证交易中单据表面相符，而向买方实施交易欺诈，其目的是保证买方利益不受欺诈之害。

常见的欺诈方式：一是单据欺诈，即提交虚假或伪造单据，从该单据的表面来看是相符的，但事实上却是虚假的和伪造的，或有些单据已经被实质性地改变了，即单据签发是真的，但内容被错误描述；二是交易欺诈，即开证申请人和受益人串通诱使开证行开立信用证，串通后交付的单据本身是以前早已交易完毕的单据，或根本未发生交易的虚假单据，以套取银行资金。

## 四、主要当事人

### （一）申请人

向银行申请开立信用证的当事人，一般为货物购买方或服务接受方。

### （二）开证行

接受申请人的申请并对外开立信用证的银行，通常为买方的往来银行。

### （三）通知行

核定信用证表面真伪并应开证行的要求将信用证通知给受益人的银行，通常为受益人所在地银行。

### （四）受益人

接受信用证并享有信用证权益的当事人，一般为货物销售方或服务提供方。

除以上四个主要当事人外，还有交单行、转让行、保兑行、议付行等。

## 五、付款期限

国内信用证按付款期限分为即期信用证和远期信用证。

### （一）即期信用证

开证行应在收到相符单据次日起5个工作日内付款。

### （二）远期信用证

开证行应在收到相符单据次日起 5 个工作日内发出"确认到期付款"通知，并在到期日付款。

远期的表示方式包括单据日后定期付款、见单后定期付款、固定日付款等可确定到期日的方式。

远期信用证付款期限最长不超过一年。

## 六、优势

与其他结算方式相比较，国内信用证可以通过将商业信用转化为银行信用，来保障贸易买卖双方的权益，平衡贸易双方交易所面临的风险。同时，较好地解除了买卖双方烦恼，即卖方发货或提供服务后希望尽快收到现金、买方收货和接受服务后希望延期支付，以达到改善各自流动性的目的。

### （一）对买方（申请人）的好处

1. 安全收款，卖方如不能提交与信用证规定的相符单据，则买方不予支付款项。

2. 保障货物或提供服务的质量和数量，在向银行申请开立信用证时可以规定提交相关检验单据来控制。

3. 促进商务合同的如期履行，可以在开立信用证时规定交货或提供服务的期限，来约束卖方按时交货或提供服务，避免发生因市场价格上涨导致卖方不履约或提供服务延误而给买方造成损失。

4. 周转资金，买方在向银行申请开立信用证时，可以缴纳少量的保证金以开出全额信用证，从而节约自身资金占用，收货后还可向银行申请买方押汇等融资来周转资金。

5. 优化财务报表，买方向银行申请开立国内信用证时，反映在表外，不记入买方的表内负债科目，不会导致买方的资产负债率上升，对财务报表具有优化作用。

## （二）对卖方（受益人）的好处

1. 按时收回货款，有信用证开证行担保付款，可有效防止买方因市场原因拒绝收货或要求降价。

2. 延长账期增加市场销量，通过远期信用证方式，既能迎合买方延期付款的期望，又可利用银行信用来杜绝远期收款可能带来的坏账。

3. 促进合同履行，利用信用证一经开立则不可撤销的原则，防止买方凭借其优势地位提出修改或撤销商务合同。

4. 周转资金，卖方在收到信用证、发货前可向银行申请办理打包贷款，获得采购或生产所需资金；在发货并提交信用证规定的单据后，可向银行申请办理议付、押汇、福费廷、应收账款债权资管计划等融资方式，提高资金周转率。

5. 优化财务报表，卖方办理国内信用证福费廷融资业务时，属于卖断应收账款，可以直接将应收账款转化为现金收入，对财务报表具有优化作用。

## （三）对买方银行（开证行）的好处

1. 安全结算方式提高买方客户竞争力，开证行通过为买方增信来增加交易的安全性，为买方客户的交易对手卖方提供可靠的交易条件，助其开展市场竞争。

2. 贸易背景真实，开证行在国内信用证项下的付款承诺是卖方提交相符单据，开证行可通过规定提交相关必要单据来确保贸易背景的真实性。

3. 获得中间业务收入和一定的存款沉淀，开立信用证属于银行表外业务，不对银行的资产负债表产生影响，但能带来开证手续费收入。此外，开证时通常会要求买方存入一定比例的开证保证金，可带来一定的存款沉淀。

4. 资本占用较少，按照巴塞尔协议 III 和银保监会相关规定，银行开立国内信用证时的信用风险转换系数为 20%，远低于办理承兑汇票承兑时的 100%，风险资产占用较少，节约资本。对资本金较为紧张的中小银行而言，采用开立国内信用证替代承兑汇票承兑业务，可在占用同样资本情况下扩大业务办理金额。

5. 满足买方资金周转需求，开证行在开证时收取少量保证金开出全额信用证，收到单据后办理买方押汇、提货担保等拓宽买方融资渠道，缓解资金压力。

### （四）对卖方银行（议付行或福费廷办理行）的好处

1. 便利向卖方发放贸易融资，依托国内信用证可较为便利地为卖方提供发货前的打包贷款，发货后的议付、押汇、福费廷等贸易融资，满足卖方发货前后的融资需求。

2. 贸易背景真实，《国内信用证结算办法》规定卖方必须提交至少包括增值税发票和表明货物运输或交付、服务提供的单据，可较好保证贸易背景的真实性，为向卖方提供贸易融资奠定基础。

3. 资本占用较少，按照巴塞尔协议 III 和银保监会相关规定，国内信用证项下的贸易融资表内资产风险权重，期限 3 个月以内的为 20%、原始期限 3 个月以上且在一年以内的为 25%，而银行承兑汇票贴现融资不论期限长短均为 100%，国内信用证卖方融资风险资产占用较少，节约资本。对资本金较为紧张的中小银行而言，采用依托国内信用证为卖方发放融资替代流动资金贷款、承兑汇票贴现，可在占用同样资本情况下扩大业务办理金额。

## 七、信用证加具保兑或购买信用保险

信用证加具保兑或购买信用保险的原因在于，受益人或其融资银行对开证行的资信状况不满意（如开证行是一家名不见经传的小银行/村镇银行/信用社，或根据以往经验，认为开证行经营作风不太好），对其资信情况和经营行为不满意，或开证行存在潜在支付风险和危机，在接受这些开证行开立的信用证时，受益人及其融资银行首先要考虑其发运货物或提供服务后，开证行能否正常按时付款，如果开证行不能按时付款，则信用证的确定性收款机制将失效。

在对开证行资信、付款能力、经营作风等有疑问时，受益人及其融资银行可以要求熟悉的大银行对信用证加具保兑，或购买信用证信用保险，以确保提交相符单据后能够获得付款。

# 八、国内信用证与银行承兑汇票比较

## （一）共同点

国内信用证与银行承兑汇票同属于支付结算工具，同为银行表外业务并为付款提供保证，均具有融资性质。

## （二）不同点

1. 遵循的法规不同。国内信用证遵循中国人民银行和银保监会发布的《国内信用证结算办法》，银行承兑汇票遵循《中华人民共和国票据法》（以下简称《票据法》）。

2. 记载的内容不同。银行承兑汇票上的必须记载事项有"表明银行承兑汇票的字样"、无条件支付的委托、确定的金额、付款人名称、收款人名称、出票日期、出票人签章。

而国内信用证上的要素相对较多，除了相应的当事人名称、信用证金额、有效期等要素外，还有对货物和服务的详细描述，以及对受益人提交单据的具体要求等。

3. 结算方式不同。国内信用证项下，卖方或服务提供方根据信用证规定发货或提供服务，开证银行是根据信用证规定的相符单据付款。

而银行承兑汇票项下的商品交易通常采用的是一手交钱、一手交货的方式，即买方向卖方交付票据（通过背书方式），卖方验票后交货。

4. 贸易背景单据要求不同。国内信用证项下，强制要求提交至少包括税务部门统一监制的原始正本增值税发票与表明货物运输或交付、服务提供的单据，以表明贸易背景。

而银行承兑汇票项下，银行仅要求申请人提供双方交易合同，但不能保证申请人在获得银行承兑汇票后，真正用这张票去履行该笔合同。

5. 占用银行经济资本比例不同。根据我国《商业银行资本管理办法》相关规定，在计算杠杆率时，对贸易项下原始期限一年以内具有短期自偿性质的国内信用证信用转换系数为20%，国内信用证项下由开证行承担独立付款责任的贸易融资表内资产风险权重，原始期限3个月以内的为20%、原始期限3个月以上的为25%。

而银行承兑汇票，无论是承兑，还是贴现，也不管期限长短，在计算杠杆率时的信用转换系数均为100%。

6. 对企业财务报表的影响不同。企业申请开立国内信用证时，反映在表外，不记入企业的表内负债科目，不会导致企业的资产负债率上升；企业办理国内信用证福费廷融资业务时，属于卖断应收账款，可以直接将应收账款转化为现金收入，对财务报表具有优化作用。

而银行承兑汇票，属于表内融资工具，签发时即全额计入企业的表内负债科目，过多签发将导致企业的资产负债率上升。

# 九、相关法规与惯例

## （一）国内信用证结算办法

2016年4月，中国人民银行、银监会发布2016年第10号公告《国内信用证结算办法》，该办法包括总则、定义、信用证业务办理（开证、保兑、修改、通知、转让、议付、寄单索款、付款、注销）、单据审核标准、附则，共计五章六十条。该办法用以规范国内信用证业务操作及防范风险，保护当事人合法权益。该办法是各方办理国内信用证业务必须遵守的基本法规，在开立信用证时，通常需注明本信用证依据《国内信用证结算办法》开立。

### （二）国内信用证审单规则

2016 年 8 月，中国支付清算协会、中国银行业协会发布 2016 年第 11 号公告《国内信用证审单规则》，该规则包括总则，审单基本原则，审单基本规则，发票，运输单据（公路、铁路、内河、航空），提单，邮政（快递）收据，保险单据，服务贸易项下有关单据，货物收据、出/入库单、仓单，附则，共计十一章一百一十五条。该规则用以统一国内信用证项下单据审核标准和规范，具有极强的操作性。该规则确定的审单原则，立足国内审单业务实践，内容涵盖国内信用证项下各类单据审核须遵循的原则及要点，区分商业发票、运输单据、保险单据等不同单据种类对信用证项下单据审核事项进行阐释说明，形成完整统一的单据审核业务操作规范。

### （三）高院关于审理信用证纠纷案件若干问题的规定

2005 年最高人民法院颁布《最高人民法院关于审理信用证纠纷案件若干问题的规定》（法释〔2005〕13 号），该规定包括纠纷定义、审理依据、单证审查、付款责任、善意第三人、拒付、信用证欺诈、中止支付、终止支付等共计十八条。该规定用以规范国内法院信用证纠纷案件的审理，为各级人民法院审理信用证纠纷案件提供具有可操作性的法律依据，尤其是规范了法院认定信用证欺诈和止付的程序。

## 十、当前业务开展情况

2016 年新《国内信用证结算办法》的颁布，为行业发展营造了良好的政策环境，但并未出现大家期待的井喷式发展，行业增长缓慢，技术创新不足，市场覆盖无明显提升，年度业务量依然维持在 2 万亿 ~3 万亿元。

总体而言，制约国内信用证发展的瓶颈，主要表现在以下几方面：

一是因无类似于 SWIFT 系统的中文信用证电子信息交换基础设施，跨行信用证业务仍采用纸质线下进行，效率较低，多局限在一家银行系统内办理，贸易买卖双方需在同一银行开户，极大地制约了业务发展。

二是因无类似于上海票据交易所的二级市场交易场所，国内信用证福费廷二级市场参与者的撮合沟通机制仍采用线下点对点的单一交易模式，市场不透明，且无统一的二级市场交易规范，极大地阻碍了资金与资产的高效对接。

三是因无类似于出口信用保险的国内信用证信用险，大银行对中小银行开立的信用证缺乏信任机制，尚未打通大小银行间的信用壁垒，极大地影响了市场活力。

四是国内信用证相对银行承兑汇票而言，专业门槛高，对从业人员素质要求高，并有逐笔核实贸易背景真实性的要求，部分中小银行因无专业的操作人员、无专门的操作系统，难以融入市场。

解决以上瓶颈问题，需要依靠搭建跨行电子信用证信息交换平台和互联网化的国内信用证福费廷二级交易市场；需要依靠为中小银行提供国内信用证操作系统支持的公共服务平台及单证审核服务；需要依靠信用保险的增信介入、货物运输及仓储保险的安全保障等风险管理服务的提供；需要依靠金融支持实体经济的严格监管并打击资金空转、套利等行为；需要依靠国内信用证结算工具的大力宣传；等等。从而促进国内信用证业务发展，发挥其应有的功能和作用。

正因国内信用证所具有的优势，市场需求旺盛，中国人民银行清算总中心正在牵头搭建电子信用证信息交换系统（以下简称电证系统）金融基础设施，为国内信用证业务及相关交易提供电子化信息交换服务、共享前置银行端与企业端服务、福费廷二级市场交易撮合服务、资金汇付服务等，将从根本上解决制约国内信用证业务发展的瓶颈问题，为业务发展提供安全、高效、开放的基础设施和统一规范的业务标准、数据标准，必将促进国内信用证大发展，提升国内信用证服务实体经济的能力和实际效果。

# 第二节
# 国内信用证福费廷及二级市场交易

随着国内贸易供应链的迅猛发展，国内贸易形式和贸易金融服务方式发生了深刻变化，银行提供传统的流动资金贷款、承兑汇票贴现以及国内信用证项下的买方押汇、卖方押汇、打包贷款等业务品种，已远不能满足企业延期付款、卖断应收账款和优化财务报表的需要，而在西方国家已有70多年发展历史的福费廷业务，由于其具有其他贸易融资产品无可比拟的优势而越来越受到众多企业的青睐。

## 一、定义

福费廷是英文"Forfaiting"的音译，源自法文"à forfait"，表示转让或放弃对某种事物的权利。

国内信用证福费廷，是指远期国内信用证项下开证行收到相符单据并发出远期付款承诺后，融资银行（也称包买行）根据信用证受益人的申请，无追索权（Without Recourse）地买断其信用证项下远期应收账款索偿权的一种融资方式。

包买行在"买断"受益人远期应收账款索偿权后，若到期未能从开证行获得付款则无权向受益人追索（欺诈例外），即如果信用证受益人所出售的债权是非法的或不合格的债权，则包买行对其享有追索权。

## 二、起源与发展

福费廷业务起源于20世纪40年代中后期，当时正值第二次世界大战后西方和东欧国家间的贸易逐渐重新恢复，东欧各国为重建家园，需从西方进口大量建设物资、日用品和粮食，但这些国家地区因外汇资金短缺，常对所进口的货物提出延期付款的请求，多为6个月左右的赊账期，由此给以欧美为主的西方国家出口商带来了一定的资金周转困难。为解决出口商扩大出口的融资问题，当时处于中立国瑞士的苏黎世银行协会便以美国向东欧国家出售谷物为背景，率先开创了福费廷融资业务，当时福费廷业务的期限多为90～180天。1965年瑞士信贷银行（Credit Suisse）还专门成立了世界上第一家专营福费廷业务的公司——苏黎世Finanz AG，这标志着福费廷业务正式走上国际金融舞台。

虽然福费廷业务起源于消费性商品交易，延付期限也在180天以内，但是人们发现这种融资方式也适合于大宗资本性货物交易。如20世纪50年代后，世界经济结构发生了重大变化，国际上资本性货物逐步由卖方市场转为买方市场，进口商纷纷要求延长付款期限。与此同时，以美国为首的西方国家对东欧和第三世界国家出口资本性货物时，因融资金额大、期限长，传统的银行贷款难以满足出口商的需要。出口商为抢占市场、赢得订单只能选择延期付款的结算方式，但延期付款又不可避免地会给出口商带来巨大的风险和资金压力，而许多进口国为缓解本国外汇短缺的矛盾和压力，对贸易方式和融资都有限制，因此作为能较好地为出口商解决规避风险和提供较长期限资金融通的福费廷业务正好可以派上用场。

此后福费廷业务蓬勃发展，在美国和西欧国家间非常盛行，许多欧美著名大银行都成立了专门的福费廷事业部或福费廷公司。当前福费廷业务在世界范围内广泛开展，几乎所有国际大银行都开办了此项业务，并形成了一个较为活跃的全球性福费廷二级市场。同时因部分福费廷业务金额较大、期限更长，导致市场上参照银团贷款的模式，诞生了辛迪加福费廷业务。1999年8月在瑞士苏黎世成立国际福费廷协会，致力于推动全球福费廷业务的开展并制定有关福费廷业务国际惯例。

国内信用证福费廷业务，是随着我国国内信用证业务的发展而逐渐兴起的，目前几乎所有远期信用证项下，当受益人收到开证行发来的远期付款承兑电后，都会向银行申请办理福费廷业务。此外，包买行根据本行资金头寸情况可选择自己持有或在同业市场转卖。

## 三、特点

福费廷之所以成为信用证受益人和包买行热衷的融资方式，其中最重要的原因就是其具有其他贸易融资方式不具有的独有特点。

### （一）无追索权买断应收账款的融资方式

国内信用证项下，当信用证受益人将经开证行已承兑的远期信用证项下应收账款索偿权卖断给包买行后，包买行对受益人的"买断索偿权"行为是终结性的，不论包买行未来在应收账款到期时能否足额从开证行收回，对受益人均无追索权，即由包买行承担开证行未来付款风险。

### （二）贸易背景真实、合格

办理福费廷业务必须具有合格真实的贸易背景，用来交易的应收账款形成于销售货物或提供服务等正常贸易，同时相关单证须真实、合格、合法，否则包买行将按有关买断合同约定，遵循欺诈例外原则，对到期未能收回的应收账款如遇受益人有欺诈行为则可向其行使追索权。也就是说如因法院止付令、冻结令等司法命令而使包买行未能按期收到开证行的付款，或有证据表明受益人出售给包买行的应收账款索偿权不是源于正当交易时，包买行则对受益人保留追索权。

### （三）融资期限灵活

国内信用证福费廷业务融资期限无固定限制，通常与国内信用证远期付款期限相同，从 15 天到一年不等。

### （四）融资成本事前锁定

国内信用证项下，如受益人拟办理福费廷融资，通常会在事前就将有关融资成本（包括利息、费用等）打入所销售的货物或提供服务的价格之中，即通常由买方（信用证申请人）来承担因延付而带来的相关融资费用。

## 四、主要当事人

### （一）申请人

国内信用证的受益人，作为初始卖方，其在福费廷一级市场中将经开证行承兑的应收账款索偿权卖断给初始包买行。

### （二）包买行

初始包买行，在福费廷一级市场中出资买断国内信用证受益人卖出的经开证行承兑的应收账款索偿权的银行。

### （三）转卖行

在福费廷二级市场中，出售持有福费廷资产的银行。

### （四）买入行

在福费廷二级市场中，买入福费廷资产的银行。

## 五、业务种类

国内信用证福费廷业务分为一级市场和二级市场，其中一级市场包括自行买入、仅为中介/代理两种方式，二级市场包括转卖他行、买入他行、风险参与三种方式。

### （一）自行买入

在福费廷一级市场中，包买行直接出资买入国内信用证受益人卖出的经开证行承兑的应收账款索偿权，自行承担开证行风险。

### （二）仅为中介/代理

在福费廷一级市场中，包买行自己本身不直接出资，而是联系其他包买行买入国内信用证受益人卖出的经开证行承兑的应收账款索偿权，由其他包买行承担开证行风险。

### （三）转卖他行

在福费廷二级市场中，包买行将自己买入的国内信用证受益人卖出的经开证行承兑的应收账款索偿权，转卖给其他包买行，由其他包买行承担开证行风险。

### （四）买入他行

在福费廷二级市场中，包买行买入其他包买行转卖的国内信用证受益人卖出的经开证行承兑的应收账款索偿权，自行承担开证行风险。

### （五）风险参与

在福费廷二级市场中，包买行将自己买入的国内信用证受益人卖出的经开证行承兑的应收账款索偿权，同时邀请其他包买行共同承担开证行风险。

风险参与分为融资性风险参与（按比例出资）和非融资性风险参与（按比例分享风险承担费，无须出资）。

## 六、优势

与其他贸易融资方式相比较，国内信用证福费廷业务对初始卖方、包买行、转卖行、买入行等具有不同的优势。

## （一）对初始卖方（信用证受益人）的好处

1. 规避远期应收账款的收款风险。国内信用证受益人办理福费廷业务后，通过"卖断"应收账款行为可有效规避交易对手（买方）及开证行的支付风险与商业风险。

2. 提高竞争优势，增加贸易机会。卖方（信用证受益人）在国内贸易商务谈判中运用福费廷方式，一方面可为买方提供延期付款的支付方式，变相为买方提供资金融通，解决买方可能因当时资金困难而失去开展贸易的机会，从而提高卖方的竞争优势；另一方面卖方（信用证受益人）将远期收款面临的支付风险和商业风险等卖断给福费廷包买行，从而消除了卖方的后顾之忧，增加贸易机会。

3. 在不占用卖方（信用证受益人）在包买行授信额度的情况下获得融资，优化财务报表。卖方（信用证受益人）办理福费廷业务后，在不占用自身在包买行授信额度的情况下获得融资，将远期应收账款变为当期现金收入，减少了资金占压，改善了卖方（信用证受益人）的财务状况和清偿能力，从而改善资产负债表，提高资金使用效率，提升信用状况。关于这一点对在资本市场上市的股份公司显得尤为重要，其定期的财务报表状况直接反映企业的经营情况，进而影响其股票市场价格波动。

4. 手续简便，处理速度快。对卖方（信用证受益人）而言，福费廷业务是一种成熟的、标准化的快速融资解决方案，所需文件直接、简单、明确，买卖双方商讨的有关融资、支付和商务条件等可直接写入商务合同。福费廷包买行受理与办理此项业务较其他贸易融资或贷款业务而言，放款速度也相对较快，只要手续齐全可在数小时内发放融资。

5. 卖方（信用证受益人）无须承担远期应收账款引发的对外债权管理和到期催收、索偿等工作，可节约一定的债权管理费用。

6. 终局性融资便利。卖方（信用证受益人）办理福费廷业务后，无须再考虑远期应收账款到期能否收回的问题。

## （二）对买方（信用证申请人）的好处

1. 获得延期付款的便利。通常情况下买方购货或买入服务时，都希望采取延期付款的方式，而采用远期信用证和办理福费廷业务，在满足卖方获得融资便利情况下，买方应付债务可获得全额延期付款的便利，避免了提前支付现金，大大提高了买方的经营能力，增加了贸易机会。

2. 将有关延付费用打入成本便于效益核算。对买方而言，利用开立远期国内信用证为卖方提供办理福费廷便利，将采用延期付款支付方式产生的各项费用直接打入成本，有利于买方事前进行较简单和较准确的成本效益核算。尤其是对融资成本可在本地和外地融资市场进行直接比较。

3. 操作简便易行。对买方（信用证申请人）而言，申请开立远期国内信用证是一种成熟的、标准化的结算方式，其所需文件直接、简单、明确，买卖双方商讨的因办理国内信用证福费廷业务产生的融资成本和相关商务条件等可直接写入商务合同，操作手续相对其他延期付款方式非常便利。

## （三）对包买行的好处

1. 为客户提供广阔的融资渠道，更好地稳定客户。办理福费廷业务时，因有开证行承担远期付款责任而使融资风险相对减小，解决了银行对授信不足的客户既想扶持又怕风险的两难问题，同时也满足了客户需求，即银行通过提供一揽子服务，可起到较好地稳定客户的作用。

2. 扩大包买行资金运营渠道。通过办理福费廷业务，包买行买断并拥有一些可交易的福费廷资产，在资金头寸充足时可持有做投资，在资金头寸吃紧时可到二级市场上进行转让，扩大了资金运营渠道。

3. 扩大业务交易品种，密切与国内同业的交往。福费廷业务作为银行一项一级市场与二级市场并行的业务，在办理业务过程中需要了解开证行的资信情况，同时出于对二级市场上交易的需要和为转移风险而办理的仅为中介/代理、风险参与等业务，这些都需与国内同业进行广泛而密切的交往。包买行通过与国内同业的合作，利用合作伙伴的机构网络或地区优势，还可更好地满足客户国内贸易结算与融资需求。

4. 手续简便，标准化操作，在无须核定信用证受益人授信额度的情况下，通过依托开证行资信买断受益人的应收账款索偿权，为其发放福费廷融资，此为客户提供了优于其他贸易融资及流动资金贷款发放条件的融资方式。

# 七、福费廷信用保险

福费廷业务是买断国内信用证受益人卖出的经开证行承兑的应收账款索偿权，故开证行是否按期付款的风险是福费廷业务面临的最大风险，当一级市场包买行自行买入时或二级市场包买行买入时，如遇对开证行无授信额度、授信额度不足或开证行作风不好、可能存在到期支付风险等情况时，为防范风险，可购买福费廷信用保险，即该笔福费廷相关的国内信用证信用保险。

购买福费廷信用保险的原因在于，一级市场包买行或二级市场包买行对开证行的资信状况不满意，如开证行是一家名不见经传的小银行/村镇银行/信用社，或根据以往经验，认为开证行经营作风不太好，对其资信情况和经营行为不满意，或开证行存在潜在支付风险和危机。如果开证行不能按时付款，则福费廷业务将出现风险。

# 八、福费廷与其他贸易融资的比较

## （一）与流动资金贷款的比较

流动资金贷款是指银行针对客户因开展国内贸易的需要，而提供的短期流动资金贷款。其与福费廷业务的区别在于：

1. 从提供融资的机构意愿来看，针对国内贸易中的短期流动资金贷款而言，因融资银行较难掌握资金运用的贸易背景，导致资金极易被客户挪作他用，存在贷后管理难的问题，因此大多数银行态度不甚积极。而福费廷业务因贸易背景真实，且有开证银行对远期付款作出承诺，提供融资的包买行态度积极。

2. 从融资利率角度来看，流动资金贷款利率高低要根据借款人的资信情况、贷款金额大小、期限长短，以及担保或抵（质）押情况等确定。而福费廷业务融资利率则依据开证行的资信情况并参照同业拆借利率进行定价。

3. 从所需担保抵押手续来看，银行发放流动资金贷款通常会要求借款人提供抵押、质押或第三方担保等保证方式，手续烦琐。而办理福费廷融资只需卖方（信用证受益人）提供开证行对远期付款作出的承诺，并不需要卖方提供其他保证方式。

## （二）与卖方保理的比较

卖方保理业务是指国内贸易采用赊销结算方式时，银行作为保理商向卖方提供的一项包括贸易融资、买方资信调查及评估、销售账务处理、应收账款管理及催收和买方信用担保等内容的综合性金融业务。

卖方保理与福费廷业务的区别在于：

1. 从融资期限来看，卖方保理通常仅提供不超过90天的短期贸易融资，而福费廷业务最长可提供不超过一年期限的融资。

2. 从支持对象来看，卖方保理以支持货物贸易为主，而福费廷业务既支持货物贸易，也支持服务贸易。

3. 从融资金额来看，卖方保理提供的融资比例通常最高不超过应收账款全额的80%，而福费廷业务可获得全额融资。

4. 从有无追索权来看，卖方保理提供的融资分为有追索权融资和无追索权融资，而福费廷融资一定是无追索权的。

5. 从是否占用卖方在融资银行的授信额度来看，卖方保理提供的有追索权融资通常需占用卖方在融资银行的授信额度，而福费廷融资无须占用卖方在融资银行的授信额度。

6. 从融资流通性来看，卖方保理项下银行提供的应收账款融资不具有流通性，而福费廷项下包买行提供的融资可在二级市场进行转卖。

7. 从融资背景来看，用于办理卖方保理融资的标的多为现在或未来应收账款的集合，即核定一定期限内的融资额度，而用于办理福费廷融资的标的是单一、明确、可知的。

### （三）与承兑汇票贴现的比较

承兑汇票贴现是指卖方将未到期的承兑汇票，按照贴现率扣除贴现利息和手续费后，从贴现银行获取贴现款的融资方式。

承兑汇票贴现与福费廷业务的区别在于：

1. 从有无追索权来看，承兑汇票贴现中办理贴现业务的银行作为买入票据的善意持票人除了有权向债务人索偿外，在债务人无力支付时，对贴现申请人即卖方也享有追索权，而福费廷业务办理融资后则对卖方无追索权。

2. 从贸易背景要求来看，承兑汇票强调票据到期兑付性，对贸易背景的要求相对较松，如办理贴现时仅需提供增值税发票复印件即可，而福费廷业务强调贸易背景真实、单据合格，每笔业务均需提供增值税发票正本及货物运输单据等。

3. 占用银行经济资本比例不同，办理承兑汇票贴现时，不管期限长短，在计算杠杆率时的信用转换系数均为100%，而办理福费廷融资时，期限3个月以内的为20%、期限3个月以上的为25%。

### （四）与卖方押汇的比较

卖方押汇是指融资银行根据卖方提交的国内信用证项下全套单据，按应收账款一定比例向卖方提供的贸易融资。

卖方押汇与福费廷业务的区别在于：

1. 从融资期限来看，卖方押汇通常仅办理期限在180天以内的融资业务，而福费廷最长可办理不超过一年的融资。

2. 从融资金额来看，卖方押汇提供的融资比例通常最高不超过应收账款全额的 85%，而福费廷则可以获得全额融资。

3. 从有无追索权来看，办理卖方押汇业务时，融资银行对卖方享有追索权，而办理福费廷融资后对卖方无追索权。

4. 从是否占用卖方授信额度来看，卖方申请办理卖方押汇业务时在银行需有足额的授信额度，而办理福费廷业务时则无须授信额度。

# 九、相关法规与惯例

目前国际上福费廷统一惯例与规则为 2013 年由国际商会（ICC）与国际福费廷协会（IFA）共同发布的《福费廷统一规则》（URF800），该规则包括适用范围、定义、无追索权、协议、确认书、交易条件、合格文件、付款、有保留付款、当事方责任、通知等共计十四条。该规则采用一套标准化的交易条款适用于福费廷两个市场，即由货物卖方或服务提供方发起的福费廷交易一级市场，以及由银行或其他金融机构进行福费廷交易的二级市场。

国内信用证福费廷相关惯例与规则为 2019 年由中国银行业协会印发的《中国银行业协会商业银行福费廷业务指引》（银协发〔2019〕156 号），该指引包括定义、产品管理、岗位要求、贸易背景真实性核实、单证审核、会计核算等共计十四条。该指引用以规范和促进商业银行福费廷业务一级、二级市场业务发展，加强相关业务跨行合作，防范业务风险，从而更好地发挥福费廷业务在优化金融资源配置、降低企业融资成本、服务实体经济发展等方面的优势。

# 十、当前业务开展情况

当前国内信用证福费廷业务还处于发展不平衡、不充分阶段，一方面局限于仅有 50 多家银行开办国内信用证及福费廷业务，相对国内有4000多家法人银行而言，开办机构还较少；另一方面因缺乏统一的交易市场及报价体系，二级市场还处于使用电话、微信等一对一交易撮合阶段，市场不透明，交易效率低。此外，因无相关信用保险服务，导致包买行对开证行的风险控制手段有限，这在一定程度上也限制了福费廷业务发展。

随着电证系统服务功能的不断完善，提供的共享前置银行端与企业端服务、福费廷二级市场交易撮合服务等模块的上线，将从根本上解决制约国内信用证福费廷业务发展的瓶颈问题，为业务发展提供安全、高效、开放的基础设施和统一规范的业务标准、协议标准、数据标准，必将促进国内信用证福费廷业务大发展，满足企业和银行需求，提升服务实体经济的能力和实际效果。

# 第三节
# 国内信用证应收账款债权资产管理计划

近年来，应收账款债权资产管理计划（即应收账款资产证券化）业务越来越受到市场青睐，由于可借用未来稳定现金流或确定的付款作为偿付手段，通过市场开展直接融资，从而盘活资产，提高资金周转效率。2016 年新《国内信用证结算办法》的正式实施，加快推动了国内信用证项下应收账款债权资产证券化进程，多家银行通过受让开证行承付的应收账款债权来发行资产支持证券。

## 一、定义

国内信用证应收账款债权资管计划，分为专项资产管理计划和定向资产管理计划两种业务模式。

### （一）专项资产管理计划

指银行作为代理人（代理信用证受益人）或委托人（自身持有信用证应收账款债权），无追索地将经国内信用证开证行确认到期付款的应收账款债权转让给券商或基金公司作为计划管理人设立的资产支持专项计划，向合格投资者发售募资用于支付应收账款债权（基础资产）转让价款的业务。为防范到期收款风险，用于办理专项资产管理计划的国内信用证，可通过投保国内信用证信用保险，以规避开证行到期拒付、迟付等风险带来的损失，保证投资人按期收回投资。

## （二）定向资产管理计划

指非银行金融机构作为计划管理人将经国内信用证开证行确认到期付款的应收账款债权作为基础资产，开展资产购买或资产转让的业务。为防范开证行到期拒付、迟付等风险带来的损失，办理定向资产管理计划时，可投保国内信用证信用保险。

# 二、起源与发展

应收账款债权资管计划（资产证券化）业务在西方发达资本市场已有40多年的历史，现已发展成为成熟的标准化投融资工具。基于其独特的优势，可使企业依靠未来稳定的预期现金流，获得无追索权融资，盘活应收账款，加快资金周转效率。

资产证券化业务进入中国市场仅仅十来个年头，在严格监管下，资产证券化业务过去一直处在监管部门引导、大型机构参与的小范围试点阶段。近年来，由于股市与债市波动加剧、实体经济去杠杆调结构、投资工具匮乏等新情况，资产证券化依靠其独特优势、标准化流程、风险隔离等特点，获得加快发展，体量不断扩容，参与主体、涉及行业呈快速发展态势，通过与更多金融工具相结合，逐渐演变为一种常规性的投融资渠道，并发挥越发重要的作用。

在资产证券化不断扩展过程中，应收账款债权类资产证券化备受市场青睐，尤其是与银行付款担保、保险公司信用保险责任等相结合的应收账款债权，如国内信用证项下经开证行承付的应收账款债权，或由保险公司信用保险承保，此类债权在被证券化后，具有得天独厚的投资、转让等优势。相比银行贷款等间接融资而言，资产证券化业务操作流程复杂、技术要求高，随着金融科技的快速发展，依托互联网、区块链等新技术力量的应用推广，加快提速了业务便利化。

# 三、特点

国内信用证应收账款债权资产管理计划，通常既有未来确定的还款保证，又有信用保险提供还款保障，具有安全性较高、投资资金来源多样化、不受投资范围限制等特点。

## （一）安全性高

国内信用证应收账款债权资产管理计划，相比市场上其他资产证券化产品而言，不仅有国内信用证开证银行承担到期付款保证，而且在投保国内信用证信用保险的情况下，还有保险公司提供到期收款损失赔偿的双重保障，故安全性高。虽然资管计划合同是不能承诺保证本金收益安全，但投资者实际承担的是银行信用风险，外加承保的保险公司信用风险。

## （二）资产与资金多对多对接模式

国内信用证应收账款债权资产管理计划，通常采用集合类资管计划，即同时接受多个委托人和由多笔国内信用证项下应收账款债权资产组成资产包，对接多类投资人，如银行、保险、基金、企业、个人等，实现多对多的资产与资金对接模式。

## （三）标准类资产

国内信用证应收账款债权资产管理计划，属于典型的资产证券化标准类资产，不受银行及非银类等机构投资范围的限制。

## （四）资金用途明确

投资人所投资的资金去向明确而具体，即为相关信用证项下经开证行承付的远期应收账款提供融资，贸易背景真实，单据合格有效。

### （五）还款资金来源明确

投资人所投资资金未来到期还款来源明确，即由国内信用证开证行承担到期还款责任，如购买国内信用证信用保险，则保险公司承担开证行到期拒付、迟付带来损失风险的赔偿责任。

## 四、当事人

### （一）原始权益人/债权人

指向资管计划出售其未到期应收账款债权的法人，即国内信用证受益人，相关未到期应收账款债权需得到开证行的付款确认。

### （二）债务人

指原始权益人出售给资管计划的未到期应收账款债权的清偿义务人，就国内信用证开证行确认付款的应收账款债权而言，为已向原始权益人作出付款确认承诺的开证行。

### （三）资管计划管理人

指为国内信用证应收账款债权资产管理计划提供管理服务的机构，多由券商或基金公司作为计划管理人。

### （四）合格投资人

指签署认购协议，并向计划管理人交付认购资金以购买资产支持证券的投资人，该投资人应具有完全民事权利能力和行为能力的机构或个人，认购时已充分了解资管计划风险，具有相应的风险识别能力和风险承受能力，并在中国证券登记结算有限责任公司开有证券账户。

# 五、优势

## （一）专项资管计划

1. 对应收账款出让人（信用证受益人）而言，通过委托银行代为转让应收账款债权给券商（或基金）发行的专项资产管理计划获得融资，拓宽了应收账款融资渠道，减少银行贷款，且为无追索权，不在企业负债科目中体现，直接实现销售收入，优化财务报表。

2. 对代理人/委托人（信用证交单行/福费廷办理行）而言，通过将应收账款债权转让给券商（或基金）发行的专项资产管理计划，可在不占用自身信贷规模、不使用自有资金、不增加自身资产风险和资本拨备的情况下，获得无追索权融资，同时实现自身中间业务收入。

3. 对券商（或基金）而言，接受代理人/委托人的委托，通过设立的专项资产管理计划向合格投资人发售，实现资金方与资产方高效对接，获取服务费收入。

4. 对合格投资人而言，通过购买券商（或基金、理财产品等）发行的国内信用证相关的标准化投资标的专项资产管理计划，获得投资优质资产的机会，且可随时转让，流动性好。

## （二）定向资管计划

1. 对购买方而言，可获得投资优质资产的机会，且可随时转让，流动性好。

2. 对卖出方而言，可根据自身资金及市场利率趋势，灵活掌握卖出时机，实现收益最大化。

# 六、与福费廷融资的比较

## （一）相同点

1. 对应收账款出让人（信用证受益人）而言，均获得无追索权融资。

2. 到期还款责任，均为国内信用证开证行，在投保信用保险情况下，保险公司承担开证行拒付、迟付赔偿责任。

### （二）不同点

1. 资产类型不同，则资金来源限制不同。国内信用证福费廷资产，作为未进行证券化的非标准类资产，其一级市场和二级市场交易，多由银行信贷资金直接投放，银行使用理财资金购买时则受到严格限制。而国内信用证应收账款债权资管计划属于标准类资产，投资资金受限较少，资金来源多样化，银行、证券、信托、基金、保险及符合标准的机构或个人投资者均可投资，范围广泛。

2. 资产流动性不同。国内信用证福费廷资产，在二级市场流动性相对较差，转让次数较少，作为买入方多持有至到期日，在利率波动较大或自身资金头寸吃紧的情况下才会选择转卖来赚取利差。且在转卖时，只可以对债权全额进行交易，无法切割。而应收账款债权进行资产证券化后，作为标准类资产，投资者可以按份（每份多为100元）进行交易，灵活度大，流动性好。

3. 交易场所不同。国内信用证福费廷资产二级市场交易多仅在两家银行之间开展。而应收账款债权进行资产证券化后，交易场所广泛，除可在上海证券交易所、深圳证券交易所、中国证券登记结算有限公司（中证登）、银行间债券市场、保交所挂牌发行、交易外，还可选择在境外证券交易所或资产交易所发行、交易。

## 七、当前应收账款债权证券化存在的问题与对策

当前因考虑到对市场投资者的保护，应收账款债权资产证券化过程中，除对底层资产需提供严格的增信措施外，还需外部机构出具尽职调查报告以及评级报告。客观来说，当前应收账款债权资产证券化

存在发行效率较低、周期较长等问题，较难满足对时效性要求较高的应收账款融资需要。具体来说，首先，应收账款债权资产证券化时，银行需将应收账款债权信息进行汇总后，提交至计划管理人、律所及评级机构。律所及评级机构要到现场对银行提交的材料进行抽检（抽检比例约30%）。其次，通常情况下，作为打包资产的某一家银行很难在短时间内蓄积一定体量的同类型或同期限的应收账款债权资产，以满足分摊成本、降低发行费用的需要。最后，现阶段监管机构仅认可中大型全国性股份制商业银行承担到期付款责任的应收账款债权开展资产证券化业务，广大中小银行较难进入应收账款债权资产证券化市场。

针对以上现阶段应收账款债权资产证券化过程中遇到的问题，随着互联网金融科技的发展，相关问题将迎刃而解。

第一，金融科技平台可为应收账款债权证券化提供资产预约、审核、确认、发行全流程线上操作服务，大大提高业务处理效率。通过将传统资产证券化业务中涉及的信息录入、资产预约、多方审核、协议签署、通知发送、交易确认、存续期管理等流程全部电子化、标准化及自动化处理，在大大降低操作风险的同时，提高流程标准化。同时，将证券化资产全量数据存储在线上，供监管机构及资产证券化业务各参与方随时查看。

第二，金融科技平台具有资产集合的功能，在较短时间内可蓄积满足证券发行人需要的应收账款债权资产。平台作为多方参与机构，计划管理人在平台公布拟发行的专项资管计划后，平台用户可结合自身情况，挑选符合要求的应收账款债权资产入池，从而能在较短时间内完成资产预约。

第三，金融科技平台通过引入信用保险，使广大中小银行获得参与应收账款债权证券化的机会。平台通过引入资信较高的信用保险公司为中小银行应收账款债权提供信用保险增信，从而降低准入门槛，让广大中小银行进入该市场，进而拓宽中小企业融资渠道。

资产证券化业务作为一种联通银行、保险、证券等行业的投融资手段，具有投资者范围广、受限少、流动性高、发行方式及场所多元等优势。随着电证系统服务功能的不断完善，提供资产证券化服务相关的共享前置银行端、券商端、第三方机构端、企业端等模块的上线，将从根本上解决制约资产证券化业务发展的瓶颈问题，为业务发展提供安全、高效、开放的基础设施和统一规范的业务标准、协议标准、数据标准，必将助力并加速国内信用证应收账款债权资产证券化进程，引导资金脱虚向实，为众多中小银行提供参与市场机会，拓宽中小企业直接融资渠道。

# 第四节
# 国内信用证其他融资业务

国内信用证同国际信用证一样，除可办理福费廷融资及二级市场交易特色业务外，还可办理议付、卖方押汇、打包贷款、买方押汇等融资业务。

## 一、议付

### （一）定义

议付指国内信用证为可议付信用证项下单证相符时或经开证行或保兑行已确认到期付款的情况下，议付行在收到开证行或保兑行付款前购买单据、取得信用证项下索款权利，向信用证受益人（卖方）预付或同意预付资金的行为。议付行审核单据并交单而没有预付或没有同意预付资金的情况不构成议付。

### （二）起源与发展

议付一词来自英文"Negotiation"，表示经协商讨论后再付款，按国际商会《跟单信用证统一惯例》（UCP600）第二条对议付的定义，即"指定银行在相符交单下，在其应获偿付的银行工作日当天或之前向受益人预付或同意预付款项，从而购买汇票（其付款人为指定银行以外的其他银行）及/或单据的行为"。由此可见，构成议付有四个要素：一是议付行必须为可议付信用证下的指定银行；二是实施了预付或同意预付款项给受益人的行为；三是议付行为在相符交单下作出；

四是预付或同意预付款项从而购买汇票及/或单据的时间节点是在指定银行应获偿付的银行工作日当天或之前。

国内信用证议付参照 UCP600 对议付的定义，给出更加明确的表述。同时明确议付行议付时，必须与受益人书面约定是否有追索权。若约定有追索权，到期未获付款时议付行可向受益人追索；若约定无追索权，到期未获付款时议付行不得向受益人追索，议付行与受益人约定的例外情况或受益人存在信用证欺诈的情形除外。保兑行议付时，对受益人不具有追索权，受益人存在信用证欺诈的情形除外。

### （三）特点

1. 被指定的议付行可自行决定是否办理议付。受益人对议付信用证可在信用证交单期和有效期内向议付行请求议付，议付行在受理议付申请后自行决定是否议付，如决定议付应明确是否有追索权，如拒绝议付应及时告知受益人。

2. 开证行、保兑行负有对议付行的议付行为进行偿付的责任。议付行办理议付后，将注明付款提示的交单面函（寄单通知书）及单据寄送开证行或保兑行索偿资金。

3. 受益人通过议付办理的融资，手续较其他贸易融资品种较为简便。对于可议付信用证项下，在开证行或保兑行已确认到期付款的情况下，议付行在收到付款前购买单据、取得信用证项下索款权利，向受益人预付或同意预付资金。

### （四）种类

1. 自由议付，指任何银行均可按信用证的条款进行议付。即受益人申请议付时，不一定非要到通知行，可自由选定一家银行办理议付。

2. 限制议付，指开证行指定某一家银行或开证行本身自己进行议付。即开证行通常出于对自身利益的考虑，限制在某一家银行议付。

3. 不可议付，指信用证未明示可议付，任何银行不得办理议付。

### （五）主要当事人

1. 议付行。负责为信用证受益人办理议付的银行，其职责包括接受议付申请、审核单据、向开证行索偿、支付对价等。支付对价后如遭受开证行或保兑行拒付，可以向受益人追偿（无追索权议付情况除外）。

2. 开证行或保兑行。负责对议付行议付行为承担偿付责任的银行，其职责是审核单据，在单证相符情况下按期付款或承兑；在单证不符时，有权拒绝付款或承兑。

3. 受益人。负责向议付行提交相符单据并申请办理议付获得融资，其职责是按照信用证要求提交相符单据，在遭开证行拒付时对议付行进行赔付（无追索权议付情况除外）。

### （六）优势

1. 相对于流动资金贷款而言，议付手续简便，受益人无须提供额外担保。

2. 受益人办理议付，即期收回远期账款，加快资金周转，缓解资金压力，优化财务报表。

3. 议付可为受益人的交易对手（即买方）提供远期付款便利，扩大贸易机会。

### （七）同类业务比较

议付与卖方押汇均属于为受益人办理交单后的资金融通业务，但议付必须是议付信用证才可以办理，并分为有追索权议付和无追索权议付。而卖方押汇则无限制，且为有追索权融资。

### （八）法规与惯例

国际信用证议付相关惯例，包括国际商会制定的《跟单信用证统一惯例》（UCP600）和《关于审核跟单信用证项下单据的国际标准银行实务》（ISBP745）。

国内信用证议付相关法规为《国内信用证结算办法》（中国人民银行、银监会公告〔2016〕第10号）。

### （九）当前开展情况

对国内信用证而言，受益人向银行提交相符单据后，办理议付的情况不是很普遍，如办理则多为有追索权议付。而在开证行承兑后，受益人申请办理无追索权的福费廷融资业务则较为普遍。

# 二、卖方押汇

### （一）定义

卖方押汇是指国内信用证受益人（卖方）在履行商务合同项下发运货物或提供服务，并向银行提交信用证项下规定的单据后，银行凭单据保留追索权地向受益人（卖方）提供的短期资金融通。

### （二）起源与发展

国内信用证卖方押汇来源于国际信用证出口押汇业务，交易原理基本相同，即国内信用证受益人（卖方）在出运货物或提供服务后，为变现占压资金，加速资金周转，或发现新的投资机会且预期收益率超过押汇利率，通常会在提交信用证项下相符单据后，凭单（以全套单据作为抵押）向交单银行申请办理卖方押汇融资业务。卖方押汇属于有追索权融资，未来融资银行如未能按期从开证行收回款项，则向受益人（卖方）进行追索。

### （三）特点

1. 通过办理卖方押汇业务，卖方在发货并交单后即可获得相关款项，加快资金周转速度，改善财务状况。

2. 在单证相符或收到开证行的远期付款确认情况下，通常按低信用风险融资业务办理，即虽属于有追索权融资，但通常仅占用开证行额度，而不占用受益人在融资银行额度。

### （四）主要当事人

1. 申请人。为国内信用证受益人（卖方），负责提交相符单据并申请办理卖方押汇获得融资，其职责是按照信用证要求提交相符单据，在遭开证行拒付时对融资银行进行赔付。

2. 融资银行。为受益人在国内信用证项下的交单银行，负责凭单发放有追索权卖方押汇融资，其职责包括接受申请、审核单据、向开证行索偿、发放融资等。发放融资后如遭受开证行或保兑行拒付，可向受益人追偿。

3. 开证行或保兑行。负责对国内信用证卖方押汇承担偿付责任的银行，其职责是审核单据，在单证相符情况下按期付款；在单证不符时，有权拒绝付款或承兑。

### （五）优势

1. 加快资金周转。卖方在发货或提供服务后，提交信用证所要求的单据后，办理卖方押汇可提前收取相关款项，从而加快资金周转速度，改善财务状况。

2. 融资手续简便。卖方押汇融资相对于流动资金贷款而言，因以全套单据作为抵押，手续较为简便易行。

3. 无须占用卖方在银行的授信额度。卖方在提交相符单据或已获得开证行对远期付款进行确认的情况下，办理卖方押汇通常仅占用开证行额度，而不占用卖方自身授信额度。

### （六）同类业务比较

1. 卖方押汇同议付比较，均属于卖方交单后的资金融通，议付必须是议付信用证才可，并分为有追索权议付和无追索权议付。而卖方押汇则无限制，且为有追索权融资。

2. 卖方押汇同福费廷比较，均属于卖方交单后的资金融通，卖方押汇属于有追索权融资，而福费廷属于无追索权融资。

### （七）法规与惯例

无论是国际信用证项下出口押汇，还是国内信用证项下卖方押汇，除遵循信用证相关法规与惯例外，卖方押汇自身的管理办法与操作规程，通常由各银行结合信用证情况、单据条款、卖方交单情况、卖方资信情况等自主制定。

### （八）当前开展情况

从业务实践来看，在国内信用证项下受益人向银行提交相符单据或已获得开证行对远期付款进行确认的情况下，如需办理融资，通常首选办理无追索权的福费廷业务，其次为卖方押汇或议付业务。

## 三、打包贷款

### （一）定义

打包贷款是指受益人（卖方）在收到国内信用证后，向其银行申请基于可接受的信用证发放的，为卖方提供用于该信用证项下货物采购、生产、装运或服务提供等用途的专项贷款。

### （二）起源与发展

打包贷款作为银行常见的流动资金贷款的一种，是卖方（受益人）在收到开证行开来的国内信用证后，为筹措资金用于备货装运或服务提供而向其银行申请的短期资金融通。相比其他流动资金贷款而言，打包贷款贸易背景清晰、还款来源有保证，并适合封闭开展。

在实务操作中，部分银行为做好客户及贸易融资业务风险控制工作、防范信贷资金被挪用的风险，通常会采用办理打包贷款的方式，对信贷资金进行封闭运作。

### （三）特点

1. 打包贷款满足了国内信用证受益人（卖方）在货物出运或服务提供前的资金融通需求，缓解其流动资金压力，促进商务合同的履行。

2. 打包贷款还款来源为信用证项下的开证行付款，只要提交了相符单据，就可获得开证行付款。

3. 打包贷款属于专项流动资金贷款，贸易背景清晰，易于封闭监控资金去向。

### （四）主要当事人

1. 打包贷款申请人。为国内信用证受益人（卖方），负责凭开证行开来的信用证及在银行的授信额度申请办理打包贷款，其职责是将所获贷款资金用于货物采购、生产、装运或服务提供并按照信用证要求提交相符单据，在遭开证行拒付时对发放打包贷款的银行进行赔付。

2. 融资银行。为受理申请发放打包贷款的银行，负责凭信用证及核定的授信额度发放打包贷款，其职责包括接受申请、发放融资、审核单据、向开证行索偿等。发放融资后如遭受开证行或保兑行拒付，则向受益人追偿。

3. 开证行或保兑行。负责承担信用证偿付责任的银行，其职责是审核单据，在单证相符情况下按期付款；在单证不符时，有权拒绝付款或承兑。

### （五）优势

打包贷款解决了卖方发货前流动资金紧缺的问题，即在发货前卖方凭信用证及其在银行的授信额度，办理打包贷款，用于货物采购、生产、装运或服务提供等流动资金需要，并可封闭运行，满足银行资金监控需要。

### （六）同类业务比较

打包贷款和议付、卖方押汇的主要区别在于，前者是在卖方发货前凭信用证办理的融资，而后者是在卖方发货后凭提交的单据办理的融资；前者需占用卖方在银行的授信额度，而后者通常仅占用开证行额度、不占用卖方在银行的授信额度；前者融资比例通常不超过80%，而后者可办理全额融资。

### （七）法规与惯例

国内信用证打包贷款，通常作为银行发放流动资金贷款的品种之一，除须遵守贷款相关的法规外，还须遵守国内信用证方面的法规。

### （八）当前开展情况

银行发放打包贷款，相对流动资金贷款而言，贸易背景更加清晰，信贷资金被挪用的风险较低，故打包贷款通常成为银行为卖方提供发货前融资的重要方式，尤其是对需要封闭运作的贷款资金而言。

## 四、买方押汇

### （一）定义

买方押汇是指开证行在收到国内信用证项下单据后，应开证申请人（买方）要求对其提供的短期资金融通，用于支付该单据项下的应付款项，未来在销售货物后向开证行还款。

### （二）起源与发展

当买方向开证行申请开立信用证，在收到信用证项下单据后，按照约定应及时付款赎单，但有时买方因资金周转困难，可向开证行申请办理买方押汇，由开证行先行垫付相关款项，未来在买方销售货物后归还开证行垫款。

开证行办理买方押汇，属于有追索权融资，通常买方通过签发信托收据方式先行取得货物并销售，用货物销售回款来归还银行买方押汇融资。

### （三）特点

1. 买方在收到信用证项下单据需要付款赎单时，向开证行申请办理买方押汇，由开证行先行支付购货款，使买方在不占用自有资金情况下，即可完成货物的采购。

2. 买方通过签发信托收据的方式，在未支付货款的情况下取得单据、提货、转卖或加工销售。

3. 买方在付款赎单前遇到新的投资机会，且预期收益率高于押汇利率，通过办理买方押汇方式，提高资金利用率和收益率。

4. 买方如在开证行可以办理买方押汇，则可通过将信用证付款期限由延期付款改为即期，相应缩短延期付款的期限。此举可以帮助买方在货物采购中提高议价能力。

### （四）主要当事人

1. 买方押汇申请人。也是信用证的开证申请人，负责通过签发信托收据方式，在未支付货款的情况下取得单据、提货、转卖或加工销售，其职责是按期归还买方押汇融资款项。

2. 开证行。负责在收到国内信用证项下来单后，应开证申请人要求，给予开证申请人短期的资金融通，用于支付该信用证项下应付款项，其职责是通过发放买方押汇，按期对外支付信用证项下款项。

### （五）优势

1. 买方在收到信用证项下到单后，因临时资金周转需要，通过办理买方押汇融资来付款赎单。

2. 买方在付款日申请办理买方押汇融资时，无须另外占用开证申请人授信资源，简单便利。

3. 办理买方押汇，可以将付款期限由延期付款改为即期，从而缩短延期付款的期限，进而帮助买方在采购货物时提高议价能力。

4. 买方押汇专款专用，押汇百分比、押汇期限等可根据实际情况决定。

## （六）同类业务比较

买方押汇与流动资金贷款相比，二者均可为买方在信用证项下付款赎单提供资金融通，而前者通常采用开立信用证时的授信额度办理，无须另外占用买方授信资源，后者按流动资金贷款规定办理。

## （七）法规与惯例

买方押汇，通常作为银行发放流动资金贷款的一个品种，除须遵守贷款相关的法规外，还须遵守国内信用证方面的法规。

## （八）当前开展情况

国内信用证买方押汇业务，相对流动资金贷款而言，贸易背景更加清晰，专款专用，信贷资金被挪用的风险较低，故买方押汇通常成为开证行支持买方开展采购的重要融资工具，尤其是对需要封闭运作的贷款资金而言。

# 第五节
# 国内信用证信用保险

保险的核心功能是风险保障，信用保险属于财产保险的范畴，是专为信用提供的风险保障；国内信用证信用保险是为国内信用证的付款行为提供的风险保障，简单来说就是保障国内信用证开证行能按信用证约定按期履行付款责任，以解除为该信用证提供融资的银行后顾之忧。信用保证保险业务须遵循中国银保监会相关监管规定。

## 一、定义

国内信用证信用保险业务，是指国内信用证受益人、信用证项下应收账款债权转让受让人或可对应收账款债权主张权利的其他当事人投保国内信用证信用保险后，在保险期间内，按照信用证条款规定提交单据后，因开证行下列风险引起的信用证项下款项损失，由保险公司按保险合同约定承担赔偿责任的保险业务。

### （一）开证行破产

指开证行破产、停业或者被接管。

### （二）开证行拖欠

指在单证相符、单单相符的情况下，开证行超过最终付款日仍未支付信用证项下款项。

### （三）开证行无理拒付或拒绝发出到期付款确认书

指在单证相符、单单相符的情况下，开证行无任何理由地在规定时间内拒绝对即期信用证付款，或拒绝对远期信用证发出到期付款确认书。

## 二、起源与发展

信用保险最初开始于19世纪末，大规模发展在第一次世界大战和第二次世界大战期间的西欧，主要是为了通过赊销扩大出口来占领国际市场。如今，信用保险依然是支持贸易、扩大销售的最主要风险管理工具之一。同时伴随着全球贸易供应链的发展，信用保险也由出口贸易信用保险延展到国内贸易信用保险，并与贸易融资相伴相生。

信用保险从诞生之日起，就是对实体经济中贸易交易的支持，并与贸易融资息息相关，不可分割。即使在今天，西方银行为跨境贸易或国内贸易提供融资时，几乎都有保险公司的保单支持，此已成为银行风控的一个重要环节。保险作为专业的风险管理机构和具有完善的风险分散机制（如分保、再保险安排），为融资方（银行和非银行融资机构）分担了风险，极大地促进了贸易融资的发展，进而促进贸易便利化。

对于信用证结算方式项下，购买信用保险的原因在于，信用证受益人或后手债权受让人对开证行的资信状况不满意，如开证行是一家名不见经传的小银行，或根据以往经验，认为开证行经营作风不太好，经常无理拒付，或开证行存在潜在支付风险和危机等。

国内信用证信用保险的产生与发展，是由于新的国内信用证结算办法放宽了国内信用证业务准入，即各类银行类机构（包括政策性银行、商业银行、农村合作银行、村镇银行和农村信用社等）均可办理，但实务中面临各银行资信与业务水平参差不齐，遵守规定与惯例的标准也不一，直接影响了国内信用证业务的推广运用。为满足国内信用证业务风险防控需要、保障国内信用证市场平稳发展、保护信用证交易相关方的交易安全，国内信用证信用保险由此诞生，极大提高了国内信用证市场接受度和流通性，保障了国内信用证交易的安全性。

# 三、特点

信用保险，顾名思义，区别于抵押、质押和担保，为纯信用产生的风险进行承保，具有以下特点：

## （一）银行融资风控需要

银行基于国内信用证提供议付、卖方押汇、福费廷及福费廷二级市场交易等系列融资行为的风控关键是开证行在信用证项下能否按期付款。出于防范风险的需要，银行通过信用保险为融资提供风险保障，即国内信用证信用保险是与银行融资息息相关的。

## （二）承保的前提条件是贸易背景真实

国内信用证信用保险同其他信用保险一样，要有底层的交易或贸易作为基础和必要条件，即贸易背景真实，所承保的底层合同及形成的相关债权必须真实、合法、有效。

## （三）信用证金额全额承保

对信用证金额全额承保，赔付比例高达100%，保证信用证受益人/应收账款受让人到期全额收款不受损。

## （四）保单自动转让

所承保的保单随信用证项下应收账款债权转让时一并转让/让渡，且无须通知保险人。

## （五）理赔时效见索即付

在信用证约定付款日/确认到期付款日，如保险单约定的保险事故发生，则在收到相符索赔材料后1个工作日内办理赔付手续，避免融资银行发生技术性逾期的情形。

# 四、主要当事人

## (一) 投保人

国内信用证信用保险投保人。国内信用证受益人、信用证项下应收账款债权转让受让人或可对应收账款债权主张权利的其他当事人等均可作为投保人投保。

## (二) 被保险人

当保单约定的保险事故发生时，由被保险人向保险人提交可能损失通知与索赔文件，保险人作出是否属于保险责任的核定，将核定结果通知被保险人。

## (三) 保险人

保险人为承担保险责任的保险公司，在收到被保险人提交的相符索赔文件后，核定是否属于保险责任范围，对属于保险责任的，向被保险人履行赔偿义务，办理赔付手续。

# 五、优势

同其他信用保险的功能一样，国内信用证信用保险对相关当事人具有独特优势，为安全收款或融资提供便利。

## (一) 对信用证受益人 (卖方) 的好处

因信用证流程相对较长，各项单据要求相对复杂，开证行或保兑行可能因单据不符而拒付，是信用证受益人面临的最主要风险，以及在开证行承付后面临到期无故拒绝付款、拖欠乃至破产等风险，通过办理国内信用证信用保险可规避上述风险，保证受益人按期收回应收账款，并便利其向银行申请办理福费廷等融资业务。

### （二）对融资银行的好处

在信用证受益人（卖方）提交相符单据且开证行承付后，为卖方提供卖方押汇、议付或福费廷融资的银行，将面临开证行到期无故拒绝付款、拖欠乃至破产等风险，通过办理国内信用证信用保险可规避上述风险，保证融资款项不受损。

### （三）对开证行的好处

就国内信用证信用保险性质而言，开证行自己也可主动购买，称为国内信用证履约保证保险，尤其是对于广大农村合作银行、村镇银行和农村信用社等小型金融机构而言，通过投保国内信用证履约保证保险，可起到为自身作为开证行进行增信，提高其所开立信用证的市场接受度和流通性，从而便利信用证受益人办理福费廷融资业务。

## 六、与其他类似产品的比较

### （一）与短期贸易信用保险统保保单的比较

国内信用证信用保险属于短期贸易信用保险的特殊形式，目前市场上短期贸易信用保险通常采用统保保单的形式提供保险服务，国内信用证信用保险属于单一保单，即针对某笔信用证项下具体交易而提供的保险服务。主要区别如下：

1. 赔偿比例：统保保单中商业风险如拖欠、破产等的赔偿比例通常为50%~90%，而国内信用证信用保险的赔偿比例通常为100%。

2. 单独第一损失免赔额或最低自留额：统保保单中针对被保险人的每次损失，保险人都首先需扣除须由被保险人自己承担的那部分金额，再确定赔付基数来计算最终实际赔偿金额，而国内信用证信用保险不设单独第一损失免赔或最低自留额，为全额赔付。

3. 办理手续：统保保单手续较为复杂，就单证而言，包括保单、投保单、信用限额申报表、信用限额审批单、保单明细表、贸易交易月申报表、保费计算书、保费收据、卖方向买方追账材料、卖方货物出运单、可能损失通知书、拒赔/赔付通知以及卖方营业执照及工商证明材料等。而国内信用证信用保险手续相对简单，仅涉及保单、投保单、可能损失通知书、拒赔/赔付通知等单证。

4. 其他：目前我国短期内贸信用保险产品相对成熟，合同内容丰富完整，业务覆盖面广，但随着客户需求的多样化及承保范围的不断拓展深化，呈现出产品结构急需优化问题，尤其是未将信用证结算方式与其他结算方式区别对待，客户需求导致市场细分，催生国内信用证信用保险业务的发展。

## （二）与担保的比较

信用保险与担保的分担风险功能近乎一致，但二者区别也很明显。

1. 接受程度不同。相比担保而言，银行更易接受信用保险，究其原因是出现了风险以后需要考量风险分担方的赔款能力。对保险公司而言，有监管出台的"偿二代"[①] 来规范和指导偿付能力，并有再保和分保的风险分担机制安排；而对于担保公司而言，因为没有有效的风险分散机制，风险几乎全由担保公司自己承担，故某个被担保的项目出了问题，可能直接影响担保公司对其他项目的担保和偿付能力。

2. 风险评估手段不同。对于担保公司而言，其风控手段多为是否有反担保措施，如抵押、质押及第三方担保等；而对于提供信用保险的保险公司而言，需要经过严格的核保程序，除对风险承担方进行严格的信用评估外，还需考虑是否采取再保、分保等风险分担措施。

---

① "偿二代"：为进一步加强偿付能力监管，完善监管制度体系，2012 年 3 月 29 日，中国保险监督委员会以保监发〔2012〕24 号印发《中国第二代偿付能力监管制度体系建设规划》。

# 七、相关法规与惯例

国内信用证信用保险相关法规与规则，除遵循《中华人民共和国保险法》外，还需遵循专项监管制度，如《信用保证保险业务监管暂行办法》（保监财险〔2017〕180 号），该办法包括总则、经营规则、内控管理、监督管理、附则，共计五章三十三条。该办法用以规范信用保证保险业务经营行为，加强信保业务监管，防范系统性金融风险，促进信保业务持续健康发展。另外，目前中国银保监会正在针对该暂行办法进行修订，将出台新的信用保证保险监管制度。

# 八、当前业务开展情况

目前就短期国内贸易信用保险而言，国内有中国出口信用保险公司（中信保）、中国人民保险公司（人保）、中国太平洋保险公司（太保）、平安保险、中银保险、阳光保险等少数几家保险公司办理此项业务，而就国内信用证信用保险而言，仅有大家财产保险公司一家开办此项业务。

国内信用证是业界公认的贸易结算领域技术含量最高、最为复杂、融资最便利的贸易结算工具，其独有的银行信用，区别于其他结算方式的明显优势所在，越来越被众多中小企业所采用。随着电证系统服务功能的不断完善，提供信用保险、履约保证保险等保险服务模块与端口的上线，将从根本上解决制约信用保险服务提供的瓶颈问题，必将推动国内信用证信用保险业务的发展，促进越来越多的中小企业和中小银行办理国内信用证业务。

# 第二章

## 操作

本章主要介绍国内信用证相关的买方、卖方、银行、资管计划管理人（券商或基金公司）、保险公司等在国内信用证项下办理结算、融资、资产证券化、保险的具体操作，包括事前准备、信用证开立、修改与通知、信用证交单与承付、信用证信用保险、福费廷及二级市场交易、应收账款债权资管计划、其他信用证融资业务等。

# 第一节
# 事前准备

在采用国内信用证结算与融资前，买卖双方应做好商务合同洽商与签署、银行核定买方开证额度、银行同意为卖方办理融资等准备工作。

## 一、买卖双方洽商贸易交易

买卖双方签订商务合同是基础，双方应对商品名称、规格型号、数量、价格、包装、装运期、付款条件、结算方式、索赔、仲裁等内容进行商谈，并将商谈成果写入商务合同。采用国内信用证结算与融资，能给买卖双方各自带来好处；但对处于不同行业、地区及处于不同的经济周期或季节周期的商品或服务交易，买卖双方在贸易项下的交易地位有所不同，双方在事前需要进行洽商。洽商要点如下：

### （一）明确费用成本及承担方，确定商务合同价格及信用证开证金额

通常商务合同的价格包括实际成本，发生的费用（如包装费、仓储费、运输费、保险费、单证费、装运杂费、业务费用、其他费用）和利润，信用证开证金额通常需扣除订金或预付款（如有）、尾款或质保金（如有）。

对采用国内信用证结算与融资而言，需考虑的单证及业务费用包括：

1. 买方采用即期或远期信用证结算时，需承担银行授信成本、开

证费用、远期承兑费用等，需要在合同报价中进行体现。

2. 卖方采用即期或远期信用证结算时，在销售货物或提供服务后，为加快应收账款资金周转，通常会办理融资，融资方式包括福费廷、应收账款资管计划、卖方押汇、议付等，卖方需承担融资成本，需要在合同报价中进行体现。

3. 为防范开证行信用风险，在对信用证加具保兑或购买国内信用证信用保险时，需相关方承担保兑费用或保险费用，通常也需要在合同报价中进行体现。

### （二）明确信用证主要条款和单据条件

国内信用证的付款条件为提交符合信用证规定的单据，为此买卖双方需事前明确信用证主要条款和单据条件，避免信用证中存在软条款或陷阱条款（即卖方对需要提交的部分单据可能存在无法控制或无法提交）的情况发生。

1. 有关期限，主要包括信用证效期（指受益人交单最晚日期）、装运日期/服务提供日期（指货物装运或服务提供最晚日期）、付款期限（指开证行收到相符单据后进行付款的期限，包括即期付款、单据日后定期付款、见单后定期付款、固定日付款等，但最长期限不超过一年）、交单期（指在货物装运日或服务提供日后提交单据的期限，如不规定则为 15 天，但不得晚于效期）。

2. 是否允许转运（指货物在规定的装运地的运输途中，从一运输工具卸下再装上另一运输工具）、分批装运或分次提供服务（指在规定的数量、内容或金额内部分或分次交货，部分或分次提供服务）、分期装运或分期提供服务（指在规定的分期时间内装运货物或提供服务，未按期的则对该期及以后各期均告失效）。

3. 货物贸易项下，应明确运输交货条款，包括运输或交货方式，货物装运地（港）、目的地、交货地（港），货物是否分批装运、分期装运和转运（未作规定的则视为允许），最迟货物装运日。

4. 服务贸易项下，应明确服务提供条款，包括服务提供方式，服务提供地点，服务是否分次提供、分期提供（未作规定的则视为允许），最迟服务提供日。

5. 单据条款，受益人提交的单据，至少包括增值税发票和表明货物运输或交付、服务提供的单据，如运输单据或货物收据、服务接受方的证明或服务提供方或第三方的服务履约证明。此外，根据需要提供货物运输保险单据、劳务项下的人身保险单据、第三方质量与数量检验单据等。

### （三）明确开证银行、通知银行、保兑行或信用保险

1. 买卖双方协商指定信用证开证银行，通常为买方的开户银行，并明确开证方式（信开信用证或电开信用证）。

2. 买卖双方协商确定信用证通知行，通常为卖方的开户银行，如未指定，则由开证行选择指定通知行。

3. 根据开证银行的资信情况，买卖双方协商是否需要指定银行对信用证加具保兑或购买国内信用证信用保险。

## 二、买卖双方签署商务合同

买卖双方对上述事宜洽商完成后，将共同接受的交易条件约定在商务合同中并签署，或买卖双方一次签署、分次由买方向卖方下订单。商务合同具有法律效力，一经订立，以后的贸易活动都应与合同条款保持一致。如在实际执行中发生与已签署的商务合同存在不一致的情况时，则需要对原商务合同进行修改，通常由买卖双方签署商务合同修改备忘录。

买卖双方签署的商务合同，是办理信用证的基础，买方向开证银行申请开证时须提交商务合同，用于证明该笔交易具有真实的贸易背景。如后期对信用证进行修改，则需提交买卖双方签署的商务合同修改备忘录。

此外，应注意信用证与作为其开立依据的商务合同是相互独立的，

即开证银行的付款条件为提交符合信用证规定的单据，独立于买卖双方签署商务合同，即使商务合同有纠纷，也不影响信用证付款。在信用证业务中，银行处理的是单据，而不是单据所涉及的货物或服务。

## 三、开证行核定买方开证额度

买方作为开证申请人向开证行申请开立信用证时，需获得开证行核定的授信额度，该授信额度的获得，开证行可以要求申请人交存一定数额的保证金，或根据申请人资信情况要求其提供抵押、质押、保证等合法有效的担保，或对于资信较好的买方给予免担保授信，通常在开证前开证行与开证申请人需签订明确双方权利义务的开证授信协议。

开证银行核定买方开证额度时，除评估提供的抵（质）押或第三方信用反担保外，通常还考虑开证申请人（买方）的财务状况、央行征信系统信用情况、历史贸易结算情况等因素。开证额度可分为循环使用额度和一次性使用额度。

## 四、融资银行同意为卖方办理融资

对卖方而言，为提高资金周转效率，通常在信用证项下交单后申请办理各类融资。卖方银行为信用证受益人（卖方）办理议付、福费廷、卖方押汇等融资时，通常基于开证行对信用证项下付款的承诺，故卖方能否获得融资取决于卖方银行对开证行资信的接受程度。

通常情况下，在采用国内信用证结算与融资时，卖方需事前征询其未来办理融资的银行对信用证及开证行的意见，尤其是对于买方无法变更开证行的情况，如卖方融资银行对开证行资信产生怀疑时，可采用增加保兑行、投保国内信用证信用保险等方式进行解决。

对于卖方办理国内信用证福费廷融资，通常可在事前获得包买银行出具的福费廷包买意向书，提前锁定融资成本。

# 第二节
# 国内信用证开立、修改与通知

买卖双方签署商务合同后，买方即可发起向开证行申请开立国内信用证，开证行经审核符合开证要求后，通过信用证通知行向卖方（信用证受益人）开出信用证。后期如需修改信用证，开证行也将通过通知行将修改内容通知卖方。

## 一、买方发起开证申请

买方申请开立国内信用证时，通常需向开证行提交如下资料：

（一）开证申请书（格式由开证行提供）。首次办理开证业务的申请人，还应提供经年检有效的营业执照，并留存复印件。同时预留经申请人法定代表人书面授权的被授权人签样、印模及具体授权范围文件。

（二）国内信用证开证协议，用于明确升证行与开证申请人双方之间的权利义务，通常以开证申请人声明的方式出现在开证行申请书的背面。

（三）买卖双方签署的商务合同、订单等。

（四）提供抵（质）押或保证的，需提供抵押物、质物清单、权属证书及评价保证人保证能力所需的材料，以及同意提供抵押、质押的决议或保证人同意保证的决议等有关证明。

（五）开证行需要的其他资料。

## 二、买方落实信用证付款保证

（一）根据监管要求，开立信用证须纳入开证银行对开证申请人的统一授信管理。在开证前，开证行将执行相应的授信审批程序，对开证申请人的资信状况、担保情况和授信额度进行审查，落实授信额度及相关付款保证。

（二）付款保证的形式包括保证金、免保授信额度、专项授信、抵押、质押或其他付款保证。付款保证形式可以单独使用也可以混合使用。信用证如有溢短装条款，付款保证须按溢装上限掌握。

（三）开证保证金的收取：开证行可要求申请人交存一定数额的保证金，具体比例由开证行根据申请人资信情况自行决定。

# 三、开证行审核开证申请

## （一）对开证申请人的资格进行审查

1. 通过年审的有效工商营业执照及企业法人代码证。

2. 经年审的贷款卡及经核查有效的贷款卡密码。

3. 由法定代表人签署并加盖企业公章的授权书，并预留印鉴（含公章、法定代表人或有权签字人签字或签章等）。如申请人未能提交授权书，则要求其办理业务时加盖企业公章或约定印鉴，以及根据公司组织章程提交有效机构批准文件。

4. 公司主营业务介绍材料及履约记录，原则上应提交近三年经审计的财务报表（资产负债表、损益表和现金流量表）。

5. 银行要求的其他必要资料。

## （二）对信用证付款保证进行审查，落实授信条件，办理相关手续

## （三）对申请人提交的开证申请资料进行审查

1. 开证申请书。申请人应提交开证行统一格式的开证申请书，申请书中所填内容应与商务合同等贸易背景材料中的信息一致，填写内

容须完整、明确、清晰，重点审核以下内容：

（1）受益人的名称和详细地址。

（2）申请人的名称和详细地址。

（3）信用证的兑用方式：即期付款、远期付款。如为远期付款，则需明确远期的表示方式，包括单据日后定期付款、见单后定期付款、固定日付款等可确定到期日的方式，远期付款期限最长不超过一年。

（4）信用证开出方式：信开或电开。

（5）列明信用证是否可转让、是否可保兑、是否可议付。如为议付信用证，通常应指定一家议付行，审慎受理指定任意银行为议付行的自由议付信用证。

（6）受益人应提交单据的种类和份数、出单人要求等，各单据条款之间不能互相矛盾。对于单据中的发票类型，发票须是税务部门统一监制的原始正本发票，一般为增值税专用发票，包括发票联和抵扣联，但法律法规及国家税务部门另有规定，无法开立增值税专用发票的除外。

（7）货物描述或提供服务描述、价格条款等。

（8）起运地、目的地及运输方式或提供服务方式。

（9）是否可分批装运货物或分次提供服务，未作规定的，视为允许分批装运货物或分次提供服务。

（10）货物是否转运，未作规定的，视为允许货物转运。

（11）是否可分期装运货物或分期提供服务，如允许分期装运货物或分期提供服务，应列明具体分期时间。

（12）信用证的有效地点和有效期及最晚装运日期或提供服务日期。

（13）特殊条款，如银行的费用由谁负担、提交单据的期限等。

（14）声明本信用证依据《国内信用证结算办法》开立、遵守《国内信用证审单规则》、适用《最高人民法院关于审理信用证纠纷案件若干问题的规定》等内容。

2. 商务合同。

（1）商务合同应经买、卖双方签章。如为买方通过邮件等电子方式发送的订单，则需提供买卖双方签署的相关约定总协议。

（2）商务合同有关内容，如合同号、合同当事人、货物描述/提供服务描述等与开证申请书一致。如有矛盾，应联系客户确认。

（3）对于合同未规定交货/提供服务条件等条款的，应联系客户，提请注意。

3. 关注特殊贸易背景的开证业务，特殊贸易背景的开证，主要指以下几方面：

（1）关联企业之间以及"两高一剩"、房地产等行业的开证业务要谨慎处理。

（2）热门商品（特别是已明显形成炒买炒卖的商品，以银行相关部门文件提示为准）的开证业务要谨慎处理。

（3）对开证行无法掌握货权凭证或无法核实贸易背景真实性的开证业务要谨慎处理。

4. 代理开证的审核。申请人申请代理开立信用证的，应审核代理合同。

5. 有效证明的审核。对于申请人提交的有关项目批文或项目可行性报告进行审核。

6. 有关银保监会文件要求的合规性审核。银保监会对于行业、企业等授信限制方面的专门规定，按相关要求进行审核。

7. 开证条款的审核。

（1）信用证各条款之间是否一致，不能互相矛盾。

（2）开证行能否掌握货权凭证或监控货物交付及服务提供。

（3）开证申请书不应加列对开证行不利条款。

（4）若申请人申请开立可转让信用证，银行应事先向其说明由于第二受益人资信难以掌握可能产生的风险。

（5）对受益人的要求应落实为单据化条款。

（6）关于部分即期、部分远期付款信用证条款的掌握：受益人于每次装运或提供服务后，应同时按信用证规定的比例分别交单，分别按即期及远期信用证掌握办法处理。

（7）关于信用证要求加具保兑或投保履约保证保险的问题。开证行对外开出的信用证，如需加具保兑，则在申请人同意并落实保兑费承担者，可予以同意；如需投保国内信用证履约保证保险，则在开证申请人同意并落实保险费承担者，可予以同意。

# 四、开证行开出信用证

## （一）信用证的开立方式

开立信用证可以采用信开和电开两种方式。

1. 信开信用证，由开证行加盖业务用章，寄送通知行，同时应视情况需要以双方认可的方式，通过央行大额支付系统 CMT303 报文或 SWIFT MT799 报文发送证明信用证真实有效的证实电。

2. 电开信用证，由开证行以数据电文发送通知行，如通过电证系统开出信用证。

## （二）信用证开立的流程

1. 由开证行业务办理人员根据开证申请书，缮制信用证，收取费用，并进行相应的账务处理。信用证开立通常须经过经办、复核、授权三级处理。

2. 各级人员应对信用证的合规性、技术性进行全面审核，切实履行审核责任。

3. 信用证开出后，按有关档案管理规定妥善保管开证档案。

# 五、通知行通知信用证

## （一）收到信用证

1. 信开信用证，核对所收信件与登记内容是否一致。

2. 电开信用证，通过电证系统收取信用证，核对信用证报文与收报清单/收报登记是否一致。

## （二）审核信用证

1. 审核信用证表面真实性。通知行需对信用证表面真实性进行审查，无法核实时，应及时向开证行查询核实。同时，对无法核实的，通知行应在拟通知的信用证上注明"信用证真实性尚待证实，暂未生效"，一经查实，应及时将核实结果通知受益人。

2. 审核信用证表面完整性。通知行审核来证是否表面完整，如发现不完整、缺页、严重变字等，应及时联系开证行查询，并在信用证上加批注通知受益人，供其参考。待收到表面完整一致的来证后方可正式通知受益人。

3. 审核信用证是否遵循相关规定。审核信用证是否列明"本信用证依据《国内信用证结算办法》开立、遵守《国内信用证审单规则》、适用《最高人民法院关于审理信用证纠纷案件若干问题的规定》"等语句，未列明的应及时查询。

4. 审核有关责任银行的资信。注意审核开证行、保兑行、转让行的资信。其信誉和资历应结合来证金额大小通盘考虑。具体方法是通过对开证行、保兑行、转让行的资信、性质、在当地地位以及所在地的经济金融环境情况等因素，以及往来关系、往来记录等进行审核。如审核认为接受来证可能有风险，应提醒受益人，建议其视具体情况采取以下措施：

（1）投保国内信用证信用保险。

（2）由其他资信较好银行加具保兑。

5. 审核信用证条款。

（1）若来证带有歧视性条款，应联系开证行提出交涉并要求修改。

（2）若来证中带有软条款，包括信用证附加生效条件、受益人无法控制或不易执行的信用证条款等，应加以注明，提醒受益人注意。

（3）若来证中有含糊不清、条款不完整、单据与单据之间、单据内容自身相矛盾的条款，应在通知信用证时提醒受益人联系开证申请人要求开证行修改或澄清。

（4）对转让来证条款进行审核。若转让行对所转让的信用证不承担任何责任，而要求将信用证项下有关单据寄往该行，由第一受益人更换单据，须待其收到原开证行付款后，再向寄单行付款。对此类来证，银行要在来证上提示上述情况，提醒受益人注意及联系修改。对于转让行不负任何责任，证下单据可直接寄开证行的，可按一般来证审核。

（5）对信用证中费用条款进行审核。如规定费用由受益人承担，应提醒受益人注意，如其不接受，由受益人联系开证申请人要求开证行修改。

（6）对于某些虽声称不可撤销但其条款不足以构成开证行确定的付款承诺的信用证，经受益人委托，可要求开证行予以澄清。

6. 审核信用证货币和金额。信用证货币必须是人民币，来证金额的大小写应一致，如有问题请受益人洽申请人要求开证行修改，或直接联系开证行请其澄清。

7. 审核通知行责任条款。若信用证中指定通知行作为保兑行，须按有关规定审慎决定是否承担保兑责任。

8. 审查信用证有效到期地。信用证的有效到期地应在开证行或保兑行所在地。如信用证规定在有效到期地与上述原则不符，通知行应加注说明，请受益人注意，如确需修改，可联系开证行修改，或请受益人洽开证申请人要求开证行修改。

9. 对信开信用证审查注意点。信开信用证上固定的条款，信用证空白处、边缘处，以及背面加打、缮写或橡胶戳加注的文句，都是信用证条款的组成部分，同样要认真审查。对信开信用证，通常需要通过中国人民银行大额支付系统 CMT303 报文或 SWIFT MT799 报文发送证明信用证真实有效的证实电；对有疑问的信开信用证，也应联系开证行加押证实。

10. 审查信用证付款责任。信用证的开证行，必须有明确的保证付款责任条款。如信用证经由第三家银行保兑，保兑行承担的责任也必须明确。信用证由第三家银行中转，应审查中转行的责任条款。

11. 对转让信用证的审核。来证系可转让信用证，若由第一受益人通过转让行转给第二受益人，除按一般审证范围进行审核外，还要注意该证是否第一次转让，转让行是否承担责任，资信如何，等等。如转让行对来证不负担责任，而要求信用证项下有关单据直接寄该行，由第一受益人更换单据，待原开证行付款后，才能收到货款和费用。对此类来证，要在来证上注明上述情况，提请第二受益人注意修改。对于转让行不负任何责任，单据也不要求寄该行，而直接寄开证行，可按一般审证要求处理。对于可转让信用证，受益人要求转让给其他公司执行，可按一般审证要求处理。

12. 对国内信用证履约保证保险保单的审核。来证中注明已投保国内信用证履约保证保险时，应对保单表面完整性进行审核，必要时通过相关保险公司官网对保单进行查询、验真。

## （三）标注信用证

1. 不符合审证要求的，可视情况在信用证上标注，以提醒受益人注意。

2. 需要费用先收的信用证标明费用先收。

3. 需标注的其他内容。

## （四）缮制通知面函

1. 由通知行经办人员缮制统一格式的通知面函，填制有关内容。

2. 复核人员对照信用证内容，对通知面函内容进行复核，确认有关内容无误后，在信用证及通知面函上加盖银行业务专用章。

## （五）通知信用证

1. 除非信用证另有规定，银行原则上不拒绝通知信用证。

2. 银行应及时将信用证或其他与之有关的附件通知受益人。通知时，必须加具统一格式的通知面函，以明确银行责任。

3. 通知议付信用证时，若银行为信用证的指定银行，可于议付或委托收款时一并收取有关费用。信用证中开证行/转让行要求代其收妥费用后再将信用证通知受益人时，应按要求办理。

4. 受益人来领取信用证时，应证实取证人身份，并办理有关签收手续。

# 六、信用证修改及通知

由于情况的变化或信用证的条款难以执行及信用证条款与交易金额不一致等原因，需要修改信用证条款时，可由申请人向开证行申请修改。

## （一）开证行审核修改申请及相关资料

1. 修改信用证时，同样应注意贸易背景的审核，尤其是涉及依据贸易合同修改而申请的修改，应提交买卖双方签署的贸易合同修改书或备忘录。

2. 修改信用证受益人名称的，要对申请人提供的相关证明材料进行审核，并应重新进行尽职调查，核查贸易背景真实性。

3. 信用证修改涉及增额、展期或修改付款方式的，应比照新开立信用证受理、调查、审批程序进行，落实额度占用及担保追加（如需）。修改付款期限的，原付款期限加展期后期限最长不得超过一年，并落实相应的额度占用。

4. 收到申请人提交的修改申请书或通知行/受益人要求修改的来电、来函，应审核修改申请书及相关文件（如需）上是否加盖公章或约定印鉴，通知行/受益人的来电、来函的真实性。

5. 审核修改书、来电、来函内容是否完整、无误，指示是否明确。

6. 如通知行/受益人提出修改要求，除无须申请人确认即可向其答复的修改要求外，应在 1 个工作日内将修改要求通知申请人。对修改要求中明显对申请人不利的条款，应重点提醒其注意。如果申请人表示有不同意见，应要求其出具书面说明，银行据此告知通知行/受益人。

7. 审核信用证修改申请时，应调出原信用证与申请人的修改申请书进行核查，如修改内容与原信用证及其项下相关修改相抵触，应向申请人澄清，修改后开证行的责任应合理、适当。

8. 申请人提交的修改申请书必须注明修改费的承担者。如修改申请书指明该项修改费用由受益人承担，发出的修改书中应加注"修改费用由受益人承担，将从应付款中扣除"字样。如受益人拒绝接受该项修改，则该项修改费用转向申请人收取。

## （二）开证行办理信用证修改程序

1. 对增加金额、延长效期、修改申请人或受益人等责任性条款修改的办理，应严格审查，并根据风险情况审核和落实反担保措施（如需）。

2. 办理信用证修改时，应注明本次修改的次数，并通过信用证的原通知行通知修改。有关修改条款不应与原证条款相抵触。

3. 发出信用证修改后，应将信用证修改留底，连同申请人修改申请函、通知行/受益人发来的函电等合并装订，归档原业务卷。

## （三）信用证修改通知

1. 通知行收到修改书。通知行收到电开修改书时，核对信用证修改报文与收报清单是否一致。收到信开修改书时，核对所收信件与登记内容是否一致。

2. 通知行审核修改书。

（1）对信用证修改的审核，应调出原信用证留底，根据原证审核修改的内容是否合理。如发现问题，应及时提醒受益人注意。对于增减金额的修改，应在原证留底进行背批。

（2）如发现不完整、缺页、严重变字等，需及时向开证行查询，并在信用证修改上加批注通知受益人，供其参考。待收到表面完整一致的修改后方可正式通知受益人。

（3）对已由银行加具保兑的信用证，必须对信用证修改的具体内容予以审查，以决定是否将保兑责任扩展至修改项下，如不同意，应立即通知开证行。

（4）如开证行要求受益人回复是否接受信用证修改，银行应凭受益人的书面意见，并调出全套信用证档案进行核对，核对无误后，再答复开证行；若受益人不接受修改，受益人应提交书面意见及相应的修改书，银行方予办理。

（5）受益人对修改书内容只能是全部接受或全部拒绝，不能部分接受部分拒绝。

### （四）通知信用证修改

银行对待通知的信用证修改的通知编号及修改次数进行记录后，缮制修改通知面函，将通知面函、信用证修改以及与之有关的附件（如有）通知受益人。

受益人来领取信用证修改时，应核实身份并在登记簿上签收。信用证修改通知完成后，应将银行留存的信用证修改副本及有关附件，按银行通知编号顺序归入信用证通知卷。

## 七、撤证、退证、补证与注销

### （一）撤证

1. 若开证行要求撤销信用证，需先征得受益人同意，并收回全套正本信用证（包括修改和有关附件），按开证行指示办理。

2. 若受益人要求撤销信用证，应提交书面委托书和全套正本信用证（包括修改和有关附件），银行方可办理。

3. 凡撤证的函/电通知，银行应在通知面函上注明"请速书面答复本行，是否同意撤销此证，如同意请将此证正本及有关附件全部退回本行，并告撤证费用由受益人或申请人负担"。待收到全套正本信用证及受益人加盖公章或约定印鉴的书面意见后，电告开证行后办理撤证。

4. 撤证步骤。

（1）审核开证行撤证请求的真实性，受益人撤证请求须加盖公章或约定印鉴，正本信用证/修改书及附件应齐全，银行已叙做融资的信用证，需在收妥融资款项后再办理撤销手续。

（2）电告开证行受益人意见，开证行同意撤销后进行后续操作。

（3）收取有关撤证费用。

（4）将信用证、修改书正/副本标注撤销情况后，合订归档。

## （二）退证

受益人要求退证，应提交书面申请，并将正本信用证退回银行。银行通知开证行后办理退证，并向受益人（一般情况下）收取退证费。

## （三）遗失信用证补办

1. 受益人遗失正本信用证、修改书，银行只能补办副本。

2. 受益人要求补办副本时，应出具书面申请及相关风险承诺函，保证承担由此产生的一切责任及风险，加盖公章或约定印鉴。

3. 缮制副本。

4. 补打信用证、修改书通知面函，加盖通知章并批注"此为补证非正本，银行不承担责任"。

5. 收取处理费用。

6. 受益人签收。

## （四）注销

1. 支付后余额为零的信用证，以及不允许分批装运且无须支付尾款的信用证，无论是否过效期，均可在支付后即予注销。

2. 信用证项下无论是否发生对外支付，可在信用证逾效期 1 个月后予以注销。

3. 其他情况下，须经信用证各方当事人协商同意，且收到通知行的撤证电报并确认已收回全套正本信用证后，信用证方可注销。

4. 信用证注销后，应作相应的表外账务处理。

## （五）其他

1. 关于退还保证金的问题。

（1）保证金余额在信用证执行完毕后或信用证注销、撤销后应退还申请人。

（2）凡信用证已经发生业务纠纷，纠纷未了时，保证金不得退还。

2. 归档问题。信用证执行完毕、注销、撤销后，要保证开证业务资料记录完整，同时应将业务已了卷按业务发生先后顺序存放。

# 第三节
# 国内信用证交单与承付

国内信用证受益人（货物卖方或服务提供方）在完成发运货物或提供服务后，缮制信用证规定的单据，向交单行提交并委托其向开证行或保兑行寄单索款。开证行根据《国内信用证审单规则》对交单行提交的单据进行审核，判断所提交的单据是否符合信用证条款及规定，在"单证一致、单单一致、表面相符"① 的情况下进行即期付款或远期承兑。

## 一、信用证受益人交单

国内信用证受益人向交单行（通常为其开户银行）交单，应在信用证规定的交单期和有效期内填制信用证交单委托书，并提交单据和信用证正本及信用证通知书、信用证修改书正本及信用证修改通知书（如有）。

对于国内信用证受益人选择不通过交单行交单，而自行向开证行或保兑行直接交单的，应提交信用证正本及信用证通知书、信用证修改书正本和信用证修改通知书（如有），以及开证行或保兑行认可的身份证明文件。

## 二、交单行收单、审单与寄单

### （一）资格审查

交单行在收到受益人提交来的信用证项下单据并随附银行统一印

---

① 单证一致、单单一致、表面相符，指的是"单据与信用证条款、单据与单据之间在表面上相符"。

制的《国内信用证交单委托书》以及全套信用证（含修改）后，经办人员应：

1. 如信用证受益人系首次来银行办理寄单索款，应要求其提交如下资料：

（1）有效的工商营业执照复印件。

（2）企业简介、隶属关系文件（如有）。

（3）结算账户开立情况。

（4）法定代表人授权书，应列明各类业务被授权人员的签样、企业公章、财务章、业务章印模（如需），并具体说明各签样及印章的业务授权范围。该授权书必须加盖公章，同时承诺如遇企业经营范围、营业执照内容、企业关停并转、企业被授权人员及/或各类印模、签样、授权范围等发生变更时，应立即出函通知银行。如未能提供授权书，则要求其办理业务时加盖公章或约定印鉴。

2. 受益人提交的交单委托书上需加盖公章或约定印鉴。

## （二）签收单据

1. 受理业务时信用证受益人需提交的资料：

（1）全套信用证资料（包括正本信用证、正本修改书、有关附件及通知面函等）。

（2）本信用证项下要求的全套单据。

（3）银行统一印制的《国内信用证交单委托书》（作为受益人委托银行办理信用证项下寄单索款的契约，内容应详细、清楚）。

2. 审核交单委托书。

（1）审核是否注明对某次修改的拒绝。如有，在其拒绝的修改上注明"客户拒绝此修改"。

（2）审核是否声明单据存在不符点。如已声明存在不符点，应要求受益人提交寄单索款担保函。

（3）注意受益人在交单委托书中对单据处理的意见。如其已声称"无需验单，请直接向开证行寄单，我司承担一切责任"，银行不再审单，直接按证下托收方式寄单索款。

3. 核验客户交来的单据种类、份数以及提交的信用证及修改总页数是否与交单委托书上所列一致，不一致时应洽客户，分清责任。

4. 核验无误后，在受益人的交单委托书上注明接单时间和日期。

5. 从信用证留底卷中抽出相应的信用证副本与受益人交来的信用证正本核对一致。

### （三）鉴定信用证

1. 若属本行通知的信用证项下交单，应按通知号找出银行留存的信用证副本，与交来的信用证正本相对照，检查信用证及修改、附件及有关事项的批注是否齐全。

2. 对非本行通知的信用证，应核实信用证是否真实有效。对有疑问的，应提醒受益人是否坚持出单。如受益人坚持出单，应要求其出具寄单索款风险承诺函。

3. 检查信用证是否有指定的议付行。若其指定银行非本行，应批注在"银行审单记录栏"内，并提醒受益人注意。

### （四）审核单据

交单行对收到的单据应妥善保管，严防错乱和遗失。区别轻重缓急，及时处理，对效期、交单期紧迫，金额大的单据应优先审核。对单据进行清点，按信用证中对单据的顺序要求依次排列。同时依据信用证条款，按照单证一致、单单一致、表面相符的原则，以及《国内信用证审单规则》的规定合理谨慎审核单据。

1. 审单时，对信用证及其修改的内容必须逐字逐句阅读，根据信用证上规定的条款，逐条与单据核对，务必做到"单证一致"。

2. 以发票为中心，与其他单据对照审核，单据与单据之间二者有关的内容必须相符，务必做到"单单一致"。

（1）发票必须是国家税务部门统一印制/监制的原始正本发票。受益人出具增值税普通发票的，应提交发票联；受益人出具增值税专用发票的，应同时提交发票联和抵扣联。提交其他联或副本则视为不符。

（2）发票显示的货物或服务描述应与信用证规定相符，但不要求镜像一致，增值税发票应在备注栏内注明"信用证编号""合同编号"。

（3）为防范虚假发票风险，可通过税务联网核查系统、企业防伪税控开票系统（企业端）、12366 纳税服务热线、税务机关现场审验等方式查验发票真伪，同时保留查验记录或截屏等方式留存查询证据。

（4）除信用证另有规定外，发票金额不得超过信用证所允许的金额。

3. 依次审核各种单据各自应有的内容是否齐全，包括单据的名称、基本内容及特殊内容、单据签发人名称、签章、出单日期等。

4. 当审单遇到无据可依时，可参照有关国际惯例，即单据是否与相关国际惯例的规定相符。

5. 对大额单据或本行已保兑的信用证项下单据，应视情况实行双复核制度，以保证安全及时收款，维护银行权益。

6. 如信用证经其他银行保兑，且单证相符，银行应将单据寄保兑行，以使保兑行履行保兑责任。另有规定或受益人提出其他寄单要求的除外。

7. 如信用证指定其他银行议付，而受益人向本行提交单据，本行可以交单行的身份验单并收取验单费后转交指定银行，或按受益人要求向开证行寄单。

8. 如信用证指定本行为议付行或保兑行，单据经受益人或其他银行提交本行，本行应在收到单据的 5 个工作日内决定是否接受单据和付款；若单据有不符点，应在 1 个工作日之内通知受益人或寄单行，并说明单据已代为保管听候处理或已退受益人或寄单行。

9. 经审核，单证相符的单据、已出具寄单索款风险承诺函的单据和受益人已声明"无须验单"的单据一般应在 1 个工作日之内出单。

10. 单据审核完毕，应在发票的发票联联次批注"已办理交单"字样或加盖"已办理交单"戳记，注明交单日期及交单行名称。同时在信用证背面作相应批注并签字，背批内容包括交单日期、交单金额和信用证余额等交单情况。

## （五）审单中常见的实质性不符点

1. 付款金额、期限、付款人等内容与信用证条款不符。

2. 金额大小写不一致。

3. 发票上货物的描述与信用证规定不符。

4. 发票货物数量和金额与信用证规定不符。

5. 运输单据收货人、被通知人、装运地和卸货地、运费支付情况等内容与信用证规定不符。

6. 服务提供证明未注明签署人名称、身份等。

7. 迟期装运或提供服务迟期。

8. 信用证过有效期。

9. 过交单期。

10. 保险单据类型、险别、保额等与信用证规定不符。

11. 保单的出单日期或保险责任生效日期迟于运输单据装货日或发运日或接受监管日。

12. 缺少信用证规定的单据。

13. 超过信用证金额。

14. 短装、溢装等。

## （六）不符点单据处理

1. 在审单过程中发现不符点，应在交单委托书上"银行审单记录栏"内简明扼要地逐条记录，待全套单据审核完毕，将不符点一次性全部提出后，应即刻联系受益人改单或建议其联系申请人修改信用证，并批注联系日期；若受益人要求将不符点单据退回更改，银行应要求受益人办理签收手续；更改交接要清楚，在联系单上"退单记录栏"内登记退单日期和改妥日期。

2. 如不符点无法更正，受益人应出具寄单索款风险承诺函，以明确银企责任；银行再根据受益人指示或向受益人了解具体情况后决定采用以下处理方法：

（1）经受益人同意，可以电讯方式向开证行提出不符点，征询其意见；如开证行同意接受不符点，按单证相符的手续处理；如开证行不同意接受不符点或迟迟不予答复，在受益人书面确认的前提下，也可改为证下托收方式处理，直接向开证行寄单索汇，或将单据交受益人自行处理。

（2）如信用证规定单据送达开证行经审单后付款，但单据不符点无法更正，可洽受益人同意并出具寄单索款风险承诺函后，向开证行以证下托收方式或征求意见方式寄单，或交受益人自行处理。

（3）对非实质性不符点，由受益人提供寄单索款风险承诺函，明确该不符点内容并担保由此产生的后果由受益人承担；银行对外按正常情况寄单收款。

（4）如果以上各种处理方式都遭开证行拒付，应及时通知受益人，由买卖双方直接联系解决；如开证行退单，银行应负责将全套单据退交受益人。

### （七）计收费用

按银行规定的费率计收有关费用，凡应向开证行收取的各项费用应在交单面函（寄单通知书）上表明，在索款时一并收取。

### （八）缮制交单面函（寄单通知书）

1. 根据信用证条款、审单结果、所选择的索款寄单方式和指示，缮制交单面函（寄单通知书）。

2. 交单面函（寄单通知书）主要内容如下：

（1）收单行名称及详细地址、寄单编号、寄单日期、受益人名称、申请人名称、信用证编号及开证行名称、付款期限等。

（2）出单金额及银行费用（若为开证申请人承担）、扣除佣金（如有）、超支运费（如有）、保费（如有）等，都要在面函中明确，并计算出总计索偿金额。

（3）随寄单据的种类和份数、寄单方式和次数。

（4）索款路径与收款账号，索款指示应明确、具体，头寸的清算应尽量选用本行清算行号进行。

（5）远期信用证下交单面函（寄单通知书）应注明承诺到期付款确认通知方式。

（6）交单面函（寄单通知书）中应注明此次交单是在正本信用证项下进行并已在信用证正本背面批注交单情况。

（7）其他内容应在交单面函（寄单通知书）"其他"一栏中注明。

### （九）寄单

1. 经对交单面函（寄单通知书）、快邮单、会计账务和应收费用等内容审核无误后，将交单面函（寄单通知书）连同单据对外寄送。

2. 信用证未规定寄单次数时，原则上一次寄单，但对于大金额的可视情况分两次寄单，以防范风险；信用证规定一次寄单的，应按规定办理，不得分寄；若信用证规定两次寄单，单据应分开正、副本2套装订，分两次寄出，一般第二次寄单只留各项单据的正本1份，如果某一种单据只要求1份，则应在第一次寄出。

### （十）归档

1. 寄单后，将交单委托书副本加盖银行业务专用章后连同已背批的信用证正本退回受益人，将背批后的信用证副本按通知编号顺序归回信用证卷中，有余额的归业务未了卷，无余额的归业务已了卷。非本行通知的信用证应复印后，将副本留存寄单索款档案中。

2. 将交单面函（寄单通知书）留底、交单委托书、有关单据复印件、有关函/电留底等立卷，按寄单编号顺序归卷妥善保管。

3. 通常银行需凭交单面函（寄单通知书）留底联作表外账务处理。

### （十一）寄单后的交涉、催收与收款

1. 寄单后的交涉。

（1）当收到开证行或保兑行的不符点通知后，应调出该笔业务卷

宗及信用证副本进行核实，以确定所提不符点是否成立，并在 1 个工作日内通知受益人。

（2）若拒付理由不成立，应在 2 个工作日内进行对外交涉，表达本行立场以澄清事实，据理力争。若拒付理由成立，银行应在 1 个工作日内通知受益人，由其抓紧时间联系信用证申请人协商解决，处理单据和保护货物；请其及时向本行提出对不符点单据处理的书面意见，银行根据受益人的书面意见，补寄更正单据或以电讯方式答复有关行。

（3）如有关行所提不符点纯系挑剔，银行应在 2 个工作日内根据"有理、有据、有节"的原则与其进行交涉；除催收款项外，还应向其追索因无理拒付而造成延迟付款的利息及费用。

（4）如收到有关行退回的单据，要及时通知受益人取单，并要求其签收。

（5）凡对外交涉涉及金额变动、延期支付、无偿交单等，均应要求受益人出具书面意见，银行应严格按其指示办理。

（6）有关交涉函（电）留底归入寄单留底卷，以备日后查考，并设专卷保管，便于以后检查进度，落实处理，及早结案。

（7）对有关行无理挑剔拒付、延付等，应积累资料，今后谨慎与其开展业务往来。

2. 催收。

（1）按寄单邮程逐笔确定合理收款日期（邮程＋开证行 5 个工作日），并在寄单留底上批注；每日检查寄单留底卷栏，对超过合理收款时间而未收妥者，应即逐笔查询、催收。一般的催收原则如下：

①出单 7 天后未收款，或未收到拒付/承兑通知。

②对于远期付款，到期日后 1 个工作日内未收款。

③不承担付款责任的转让信用证项下单据，只查询单据情况。

④首次催收后，每间隔 1 个工作日升级催收 1 次，同时应采取其他催收措施，将有关情况逐级上报，请示处理意见。

（2）信用证项下单证相符的寄单索款，超过合理收款天数未收妥者，应发出催收函（电）；对开证行无理迟付的，除及时催收外，还应向其追索迟付期间的利息及费用。

（3）对开证行无理短付的款项，应据理力争，并追索无理短付造成的利息损失及费用。

（4）在不符点出单的情况下，应积极协助受益人催收。

（5）对远期信用证出单，应注意是否及时收到到期付款确认书，以及到期日、付款日是否合理。同时要及时归入寄单留底卷，以便到期后，凭以查询付款情况或追索利息。

（6）对于投保国内信用证信用险的，应及时向保险人提交可能损失通知书和索赔申请。

3. 收款。

（1）收到有关行的付款报文，落实头寸后，调出银行原寄单留底卷，并按有关规定进行相关账务处理。

①根据收到款项所标注的交单面函（寄单通知书）编号调出相应的业务留底卷。

②审核收到的款项金额，若短款超过合理范围，则进行催收交涉；若长款应立即到有关行查询。

③审核款项起息日，若起息日迟于合理付款期限，则进行催收交涉。

④凡凭查询补制的报单、电报或复印件转账的，应认真核对，防止重复转账。

（2）复核，其审核要点：

①有关贷记报文。

②会计凭证种类、科目、账号使用正确。

③借贷方金额相符，货币符号正确。

④会计分录正确。

⑤数字计算正确。

⑥收费标准无误。

⑦款项来源、用途正确。

# 三、开证行收单、审单与承付

开证银行接受开证申请人的委托，按照《国内信用证结算办法》开出信用证，就承担了第一性的凭单据付款的责任。因此，开证行对信用证项下的付款、确认到期付款或拒付，均应以所收到的单据是否符合信用证的规定为标准。对来单进行处理时，既要维护开证行的对外声誉，也要保障开证申请人的权益。

开证行或保兑行在收到交单行寄交的单据及交单面函（寄单通知书）或受益人直接递交的单据的次日起 5 个工作日内，及时核对是否为相符交单。

## （一）来单处理

1. 银行收到开出的信用证项下单据后，调出信用证档案，对交单面函（寄单通知书）进行审核；按"与信用证条款、《国内信用证审单规则》的相关适用条款"的原则审核证下来单，以确定银行是否承担付款/确认到期付款的责任，具体如下：

（1）提交单据是否在信用证规定的交单期及有效期内。如信用证未规定交单期，默认为货物装运日或服务提供日后 15 天。

（2）交单面函（寄单通知书）所载索款金额、付款期限是否符合信用证的规定。

（3）索款指示是否明确、合理。

（4）单据的种类、份数与随附的单据是否相符。

（5）是否注有不符点。

（6）如信用证规定限制指定银行议付，单据是否由指定银行提交。

2. 单据由经办、复核审核后，缮制信用证来单通知书，注明来单情况及银行初审情况，在 2 个工作日内以快捷的方式将有关单据复印件随同信用证来单通知书通知申请人。如需将正本全套单据交予申请人，则应与客户签署有关协议，明确双方责任，同时在将单据或复印件交给客户时应验明客户身份并建立签收制度。有关单据交付客户后，在规定的期限内应密切关注客户的答复情况。

3. 银行审核单据。

（1）若单据与信用证条款相符，不论申请人是否答复接受单据，银行均应对外付款/确认到期付款。

（2）若单据与信用证条款不符，可以直接对外拒付，或将不符点通知申请人听候处理。申请人在银行规定的时限内提出拒付或未作任何表示，均视为其拒绝接受单据，对于已交给申请人的全套单据应立即收回。银行对外拒付，应将不符点一次性全部提出，明确"拒付"字样，并妥善处理全套单据。有关拒付电均应不迟于收到单据次日起算的 5 个银行工作日内，由经办、复核及授权人员签字后对外发出。此后，若申请人接受不符点单据，应事先征求交单行同意，或在发送拒付电时标明无须再征求交单行同意。

（3）若信用证已由银行出具提货担保，无论单据是否存在不符点，均不得以任何理由拒付。

（4）来单归档。将交单面函（寄单通知书）、留存单据、往来函电及回执按时间顺序依次存入信用证档案中，按到期日顺序依次归入已来单卷。

4. 对受益人直接来开证行或保兑行交单的处理。

（1）检查受益人的真实合法身份（要求出示公函及身份证或护照）。

（2）是否随附信用证正本及信用证通知书、信用证修改书正本及信用证修改通知书（如有），并在信用证正本背面进行批注。

5. 对交单行委托申请人或受益人来开证行或保兑行交单的处理。

（1）核实交单行的交单面函（寄单通知书）真实性以及申请人、受益人的真实合法身份。

（2）交单行是否证明已对正本信用证进行背批。

6. 如银行开证时已注明限制指定银行交单或议付，非指定银行交单议付者，应通过指定银行确认，以避免另有一套单据通过指定银行提交。如非指定银行只作为寄单行，凭申请人的书面说明并确认承担一切风险的情况下，银行可履行凭单付款的责任。但不论信用证规定的到期地点如何，一律视为在银行柜台到期。

7. 其他。

（1）如提交信用证未规定的单据，银行可不予审核，可视情况退还交单行，或转交申请人。如果提交的单据没有体现某次修改的内容，应视同受益人尚未接受该次修改，不能认定单证不符，原规定该次修改费由受益人承担者，应转向申请人收取。

（2）对有疑问的各类单据，可通过专门机构核查真伪，以防范诈骗。

（3）在银行未审出不符点的情况下，如申请人拒绝接受单据，申请人必须以书面形式提出单据与信用证规定的条款不相符合的理由。银行必须对单据再次仔细审核，以便确定单证不符的理由是否属实。如果并未构成实质性单证不符，银行应说服申请人接受单据，必要时可采取措施扣收申请人账款的方式对外付款/确认到期付款，以维护银行对外声誉。

（4）应按《国内信用证结算办法》妥善处理拒付单据，凭交单行授权办理退单时，应将全套单据复印留存备查。

## （二）拒付

1. 开证行应以单证为依据，以《国内信用证结算办法》和《国内信用证审单规则》为准绳，独立行使审单职能。有单证不符或单单不符之处，可以提出拒付，也可通知申请人后再决定拒付与否。

2. 若申请人要求拒付，银行应严格按照相关规定审核单据，决定可否对外拒付。如申请人以单据不符以外的理由要求拒付，或以非实质性不符点要求拒付，银行应予劝阻，避免因无理挑剔使银行卷入商业纠纷中。申请人提出拒付时间不得迟于银行规定的时限。

3. 拒付理由必须一次性对外提出，并说明清楚，不能似是而非。

4. 凡已构成单证不符，而申请人要求扣除部分货款者，银行应首先向交单行表示拒付，然后向交单行转告申请人扣除部分货款的要求。在这种情况下，只有取得交单行的同意，才能放单并办理对外付款。

5. 在合理有效规定时间内收到交单行寄来的修改或补充单据，应连同银行的到单通知书交予申请人。如申请人继续拒付，应严格掌握，拒付理由只能是针对补充或更正单据仍不能完善原已提出的拒付理由，不能提出超越原已提过的拒付理由以外的其他理由。

6. 拒付后，交单行来电对拒付理由存在异议、请求付款或通知其他与该单据有关的事项时，银行应及时通知申请人，请其提出处理意见后告知银行，以便银行及时与交单行交涉。

7. 若交单行以电讯方式提出的不符点，征询银行对单据的处理意见，经洽申请人同意并确认，向交单行发出接受所提及不符点的授权。收到单据后，审核单据如未发现新的不符点，视同单证相符处理；如发现新的不符点，按单证不符处理。

8. 对外拒付后，银行必须按照相关规定妥善保管整套单据。当申请人明确表示接受单据不符点并同意赎单时，在未得到交单行明确指示前，均不能对其放单。

9. 对外拒付后，如银行发出要求授权退单电讯后，超过银行规定的时限仍未得到交单行指示的，可作退单处理，但全套单据需复印留存备查。

10. 银行在信用证项下对外拒付时，如对单据不符点或交单行电讯方式提出的不符点无充分把握，需谨慎处理。若申请人同意接受不符点，在对外付款/确认到期付款之前，要完善有关手续，有效控制银行业务风险。必要时应将不符点情况通知有关各方（包括担保人和银行有关部门等）。同时还应注意不得与开证原则相抵触。若申请人虽同意接受不符点，但偿付能力不足，银行应先对外拒付，解除银行在信用证项下的第一性付款责任。

11. 已通知客户来单中存在不符点的，申请人在银行规定的时限内提出拒付或未作任何表示，均视为申请人拒绝接受单据。银行应于收到单据次日起算 5 个工作日内向交单行发出拒付通知。

### （三）向开证申请人催付

1. 催付。申请人应在来单通知书规定的期限内来银行办理付款/确认到期付款手续。否则，应及时催促申请人前来办理。

2. 远期到期催付款。对已确认到期付款的业务，应于到期日前3个工作日通知申请人做好到期付款准备。

### （四）办理付款/确认到期付款通知

开证行自接到全套单据的翌日起至对外付款/确认到期付款或表示拒付的时间，应不超过5个工作日。

1. 付款。

（1）办理信用证项下的付款时，应严格按交单行的交单面函（寄单通知书）出具的付款指令办理付款手续；付款后，应在信用证相关业务系统或信用证正本或副本背面记明付款日期、业务编号、来单金额、付款金额、信用证余额，并将有关单据交开证申请人。

（2）信用证对外付款时，若系全部到单，应注意核收银行所有费用（如查实是否存在由受益人承担的修改费、手续费等）。

（3）凡有不符点的单据，应按信用证中的规定扣收不符点处理费。

（4）办理付款手续：

①落实付款资金。

②按规定向银行有关部门申领头寸。

③通过中国人民银行支付清算系统办理付款。

④当天发报应当天查看回执。报文发送后，若发送失败，应立即取回进行更改后重新传送至复核队列，经复核后于当日重发；若当日依然发送失败，须撤销头寸，并作相应的冲账处理。

⑤保存一份付款报文发送回执联。

⑥归档、整理业务案卷（未收到发报成功回执前，报文暂时不归档），若信用证余额为零，归入业务已了卷。

2. 确认到期付款。

（1）对于远期信用证，银行应在规定时间内向交单行发出到期付款确认书（应按金额送达相应权限的有权签字人员签字后发出），同时应严格按信用证及交单面函（寄单通知书）的远期天数计算到期日。

在发出到期付款确认书时如果付款到期日为非银行工作日应顺延。

（2）远期信用证到期时，应按时对外付款并于到期日起息。严防到期漏付、迟付，并按即期信用证付款的程序办理付款手续，同时办理相应的账务手续。

# 第四节
# 国内信用证信用保险

保险公司承保的国内信用证开证行信用保险，按投保人不同分为履约保证保险和信用保险，履约保证保险的投保人为开证行自己，信用保险的投保人为信用证受益人、信用证项下应收账款债权转让受让人或可对应收账款债权主张权利的其他当事人。业务流程包括投保、核保与出单、批改、理赔与追偿、赔付及权益转让、保险合同终止等。

## 一、投保

（一）通常投保人应满足下列条件：

1. 依法登记设立，拥有工商管理部门核发的"工商营业执照"、技术监督部门核发的"组织机构代码证"。如为金融机构则需提供监管机构核发的"金融许可证"。

2. 有固定的经营场所。

3. 投保人为银行类机构时，需拥有中国人民银行核发的大小额支付清算系统银行行号；投保人为非银行类机构、工商企业时，需在银行开有结算账户并提供开户行名称与账号。

4. 信誉良好，近三年无重大违法违规等不良信用记录。

5. 所投保的信用证具有真实的贸易背景。

（二）投保单（投保申请）需提供如下投保信息：

1. 投保人信息：投保人名称、地址、营业执照号码与效期、统一社会信用代码/组织机构代码、税务登记证号码、法定代表人、金融机构代码（如有）等。

2. 国内信用证信息：信用证号、开证行名称、开证行清算行号、信用证金额、期限、申请人、受益人、保兑行（如有）等。

3. 贸易背景信息：商务合同号/订单号、货物或服务描述、货物或服务所属行业类型、申请人与受益人是否存在关联关系等。

（三）保险公司所承保的开证行信用风险责任，指在保险期间内，按照信用证条款规定提交单据后，因开证行下列风险引起的信用证项下款项损失。

1. 开证行破产，指开证行破产、停业或者被接管。

2. 开证行拖欠，指在单证相符、单单相符的情况下，开证行超过最终付款日仍未支付信用证项下款项。

3. 开证行无理拒付或拒绝发出到期付款确认书，指在单证相符、单单相符的情况下，开证行无任何理由地在规定时间内拒绝对即期信用证付款，或拒绝对远期信用证发出到期付款确认书。

（四）必要时，可在保单中约定特别条款，如在信用证项下应收账款债权转让业务中，因法院发出止付令而使被保险人（应收账款债权持有人）未能在信用证付款到期日获得开证行付款，根据相关约定被保险人向应收账款债权转让行或融资代理行追偿，因下列风险给被保险人造成的损失，保险公司按约定承担赔偿负责：

1. 应收账款债权转让行或融资代理行破产、停业或者被接管。

2. 应收账款债权转让行或融资代理行拖欠或无理由拒付。

（五）保险公司除外责任，即存在以下情形的，保险公司不承担保险责任：

1. 信用证无真实贸易背景。

2. 信用证被依法确认为虚假或无效。

3. 信用证项下所提交的单据被依法确认为虚假或无效。

4. 被保险人或其雇员、代理人故意违约、欺诈以及其他违法行为。

5. 开证行或其雇员与被保险人或其雇员恶意串通，损害保险人的利益。

6. 被保险人知道或应当知道本保险合同项下约定风险已经发生，仍继续办理相关业务。

7. 信用证项下单证不符或单单不符。

8. 信用证项下银行报文传输或信件或单据递送过程中发生的延误、中途遗失、残缺或其他错误。

9. 因国家行政行为或司法行为致使开证行无法继续履行付款责任。

10. 战争、敌对行为、军事行动、武装冲突、恐怖主义活动、罢工、暴动、民众骚乱、恐怖活动。

11. 核爆炸、核污染及其他放射性污染。

12. 地震、海啸、水灾、火灾、暴风或其他不可抗力。

13. 其他不属于保险责任范围内的损失和费用，保险公司不承担赔偿责任。

（六）保险金额

保险金额是保险公司承担赔偿责任的最高限额，为保险公司对被保险人因开证行开立的信用证项下的交单索款可能承担赔偿责任的最高限额，最高不得超过信用证约定的应付金额。

（七）投保人声明事项

投保人在投保国内信用证信用保险或履约保险时，应声明确认：保险公司已将国内信用证信用保险条款向投保人作了明确说明，并对其中免除保险人责任的条款（包括责任免除条款、免赔额、免赔率等免除或者减轻保险公司责任的条款），以及本保险合同中付费约定和特别约定的内容向投保人作了明确说明，投保人已经仔细阅读保险条款，对保险公司就保险条款内容的说明和提示完全理解，没有异议；所填写的投保单内容均属实，同意以投保单作为订立保险合同的依据。

# 二、核保与出单

## （一）核保

投保人提交投保申请后，保险公司根据开证行的信用情况、信用证金额、期限、贸易背景情况等，对投保进行审核评估，并将评估结果通知投保人，即是否接受承保、保费是多少等。

1. 保险公司核保分为自动核保和人工核保，自动核保指保险公司将国内信用证相关的风险评估要素及量化指标嵌入评估流程，通过系统自动识别、判断，实现系统自动核保。对单笔承保金额较大或行业属于重点风险监控范围的投保申请，通常会附加人工核保。

2. 核保通过的投保申请，保险公司将通知投保人缴纳保险费事宜；核保未通过的投保申请，则通知投保人原因。

### （二）出单

1. 缴费确认。核保通过后，等待投保人缴纳保费。投保人缴费后，保险公司应开具收费发票。

2. 出具保单。保费收妥后，保险公司出具保险单并交予投保人。同时，通过保险公司网站、银保监会指定网站等，提供保单查询、验真、下载等服务。

## 三、批改/保单修改

保单生效后，发生信用证金额增加或减少，期限延长或缩短，保单载明的名称、住所等信息项发生变更时，投保人应通过保单批改方式申请对原保单进行修改，具体流程同投保、核保、出单一致。如需修改信用证条款，但未能事先征得保险公司同意，则保险公司对相关信用证项下发生的损失有权拒绝承担赔偿责任。

批改后的保单，可通过保险公司网站、银保监会指定网站等，对保单进行查询、验真、下载等。

## 四、理赔与追偿

### （一）可能损失通知

根据保险条款的规定，保险期间内，被保险人应在知道或应当知道保险合同约定的拖欠风险可能发生之日起 2 个工作日内，向保险公司提交国内信用证信用保险可能损失通知；如委托保险公司追偿，被保险人需签署国内信用证信用保险委托追偿代理协议书。同时应注意以下几点：

1. 被保险人提交可能损失通知，是后期发起索赔的前提条件。

2. 被保险人未能在前款规定的期限内提交可能损失通知的，保险公司有权降低赔偿比例；如果被保险人在规定的期限后 5 个工作日内仍未提交可能损失通知的，保险公司有权拒绝承担赔偿责任。

3. 被保险人提交可能损失通知后又收到开证行或相关付款义务人付款的，应当在收到款项后 2 个工作日内通知保险公司。

## （二）追偿

保险公司收到国内信用证信用保险可能损失通知后，研究确定追偿方案，向开证行进行追偿。

1. 追偿成功的，通知被保险人，要求其按照国内信用证信用保险委托追偿代理协议书约定向保险公司支付追偿费用。

2. 追偿不成功的，通知被保险人，提示其及时按照保险合同约定向保险公司提起索赔申请。

## （三）提交索赔申请

1. 索赔时效：被保险人在提交国内信用证信用保险可能损失通知后 30 天内，仍未足额收到开证行付款时，应向保险公司提交索赔材料。

如被保险人未能在上述期限内提交索赔申请，导致保险事故的性质、原因、损失程度等难以确定的，或影响保险人追偿权益的，保险公司有权降低赔偿比例或拒绝承担赔偿责任，但事先经保险公司同意的除外。

2. 被保险人申请赔偿时，应向保险公司提供下列材料：

（1）索赔申请书。

（2）保险单。

（3）被保险人对该索赔的说明及意见。

（4）保险事故相关的信用证、单据、信用证项下应收账款债权转让协议（如有）、往来函件、邮件及传真等。

（5）涉及诉讼的，需提交法院的传票、诉状，以及其他所能提供的与确认保险事故的性质、原因、损失程度等有关的证明和资料。

（6）涉及支付法律费用的，被保险人应提交聘请的第三方机构的名称、人员、费用、预算以及第三方机构递交的工作报告及其他保险人合理要求的文件、资料。

### （四）定损核赔

1. 定损核赔时，不包含下述款项。已计入的，应扣除：

（1）开证行已支付或货物购买方（服务接受方）已支付、已抵销，及被保险人同意减额、放弃债权的部分。

（2）被保险人已通过其他途径收回的相关款项，包括但不限于转卖货物或变卖抵押物所得的款项等。

（3）被保险人已从开证行或货物购买方（服务接受方）获得的其他款项或权益。

（4）被保险人应向开证行收取的利息、罚息等。

（5）其他应扣减的款项或费用。

2. 在发生保险责任范围内的风险时，如涉及货物处理，在被保险人处理完货物前，保险公司原则上不予定损核赔。被保险人处理货物的方案事先须经保险公司同意，否则保险公司有权拒绝承担赔偿责任。

3. 对开证行在付款前收到法院止付令及后续仲裁、诉讼情况，定损核赔的原则如下：

（1）开证行在付款前收到法院止付令，除非保险公司认可，否则在获得法院解除止付令之前不予定损核赔。

（2）开证行在付款前收到法院止付令后，因贸易双方存在纠纷而引起买方拒付货款或拒绝接受货物，除非保险公司书面认可，否则被保险人应先进行仲裁或提起诉讼，在获得已生效的仲裁裁决或法院判决并申请执行之前，不予定损核赔。

（3）上述发生的诉讼费、仲裁费和律师费由被保险人先行支付，在被保险人胜诉且损失属保险合同项下保险责任时，该费用由保险公司承担，否则，由被保险人自行承担。

# 五、赔付及权益转让

## （一）赔付

保险公司收到被保险人提交的索赔申请文件后，应当在交单次日起的5个工作日内确定被保险人提供的有关索赔证明和资料是否完整，如不完整应一次性地通知被保险人补充提供。

保险人收到被保险人提交的相符索赔文件后，应当从次日起的5个工作日内作出是否属于保险责任的核定，并将核定结果通知被保险人。

1. 对属于保险责任的，保险公司向被保险人履行赔偿义务，办理赔付手续。

2. 对不属于保险责任的，保险公司向被保险人发出国内信用证信用保险拒绝赔偿通知书，并说明理由。

## （二）权益转让

在保险公司赔款后，被保险人应将赔偿所涉及的销售合同、信用证项下的权益转让给保险公司，同时，被保险人仍有义务协助保险公司向开证行及相关付款义务人追偿。被保险人及其代理人从货物购买方（服务接受方）、开证行或其他付款义务人处追回或收到的任何款项，视为代保险公司保管。被保险人应在收到上述款项后2个工作日内将相应款项退还保险公司。

# 六、保险合同终止

发生下列情形之一的，保险合同自动终止：

（一）开证行已依约履行信用证下付款义务。

（二）信用证过效期注销、减额至零或经各方同意撤销。

（三）发生保险事故，保险公司已根据保险合同约定作出赔付或向被保险人发出拒赔通知。

（四）保险单到期。

# 七、其他

（一）保险合同约定的保险事故发生后，无论被保险人与开证行或其他相关付款义务人是否有特别约定，除非经保险公司同意，开证行或相关付款义务人对被保险人的任何付款均被视为按时间顺序偿还保险项下被保险人对该开证行的应收账款。

（二）保险公司赔付后出现下列情况的，应当要求被保险人应在收到保险公司退款要求后2个工作日内退还保险公司已支付的赔款及相关利息：

1. 保险公司发现被保险人未遵守最大诚信原则。

2. 被保险人擅自接受退货，同意减额，擅自放弃债权或与开证行、其他付款义务人私自达成和解协议。

3. 因被保险人原因导致保险公司不能全部或部分行使代位追偿权。

4. 保险公司查明致损原因不属于本保险合同保险责任范围。

# 第五节
# 国内信用证福费廷融资

国内信用证福费廷融资，是指由包买行（通常为信用证交单行）无追索权地出资买入受益人转让的由开证行确认到期付款的应收账款债权，该应收账款债权转让事实需通知开证行，并由包买行自行承担开证行到期是否付款的风险。受益人因出售应收账款债权获得的融资不占用其在包买行的授信额度，且为无追索权融资，但该无追索权不包括因法院止付令、禁付令、冻结令或其他具有相同或类似功能的司法命令，导致包买行未能在款项到期时从开证行获得偿付的情况。

国内信用证福费廷融资分为自行买入与仅为中介/代理两种方式。

## 一、自行买入

### （一）受益人提出业务申请

1. 提交申请书。信用证受益人向包买行（通常为交单行）提交国内信用证福费廷业务申请，填写相关申请信息，包括国内信用证编号、开证行名称、币种、信用证金额、单据金额、期限、是否为关联交易、商品或服务所处行业、价格意向等。

2. 提交相关单证与文件。提交受益人与包买行签署的国内信用证福费廷业务合同、信用证（含修改）及相关单据、开证行确认到期付款承诺、基础交易商务合同、贸易背景真实性说明材料等文件。

### （二）包买行审核申请并发送确认书

包买行审核受益人提交的国内信用证福费廷业务申请，并根据开证行资信情况，自行决定是否投保国内信用证信用保险，如选择投保则办理相关投保手续。

包买行审核无误并决定为受益人办理福费廷业务时，向受益人发送国内信用证福费廷业务办理确认书，约定业务办理条件、融资利息及相关费用等。

## （三）包买行向开证行发送款项让渡通知

向开证行发送款项让渡通知，是包买行为受益人办理福费廷融资业务的前提，故包买行决定为受益人办理福费廷业务后，需向开证行发送款项让渡通知，即通知开证行其已承付的应收账款下一切权利及款项已不可撤销地、无条件地转让给包买行。在付款到期日，直接汇至包买行指定账户。

## （四）放款

向开证行成功发送款项让渡通知后，包买行向受益人办理福费廷融资款项发放手续。

包买行放款时，应按照约定的利率、费率，于融资发放日扣收融资利息及相关费用。具体息费包括融资利息、宽限期费、手续费、承诺费、风险承担费及其他费用等。

1. 融资利息由融资利率和融资天数确定，一般采用直线贴现法计算。

2. 宽限期（额外多收期）通常会被加入融资天数，用以冲销不能如期收妥应收账款款项而产生的额外利息。一般设为 1~2 天为宜。

3. 手续费是指在办理福费廷业务时，由应收账款转让方承担的业务处理费用。

4. 风险承担费是指因包买方承担较特殊的应收账款债权风险而收取的一项费用，风险承担费由风险承担费率和风险承担期限确定。

5. 承诺费是指包买方承诺在未来一定时间按照既定的价格和条件买入应收账款而收取的费用。

6. 其他费用，可能包括交单时的审单费、邮寄费、电报费和预留银行扣费等。

### （五）到期收款/理赔

1. 在开证行承诺付款到期前 5 个工作日，包买行应向开证行提示到期付款。

2. 包买行到期未能足额收妥开证行付款且投保国内信用证信用保险的，及时办理索赔手续。

### （六）转二级市场交易

包买行办理国内信用证福费廷自行买入业务后，可以持有至到期日，也可以根据自身经营需要、市场情况以及开证行资信及所承保的保险公司资信变化情况等，在买入当时或持有一段时间后，将未到期的应收账款债权通过福费廷二级市场进行转卖。

## 二、仅为中介/代理

### （一）受益人提出业务申请

信用证受益人向中介/代理行（通常为交单行）提交福费廷业务代理转让申请，填写相关申请信息，包括国内信用证编号、开证行名称、币种、信用证金额、单据金额、期限、是否为关联交易、商品或服务所处行业、价格意向等。

### （二）中介/代理行受理申请

1. 中介/代理行根据受益人提交的代理转让申请，发布应收账款债权信息。

2. 选择报价方，通常包括卖方报价与买方竞价两种方式：

（1）如选择卖方报价，则将拟卖出的应收账款债权信息及报价发布后，供包买方选择。

（2）如选择买方竞价，则将拟卖出的应收账款债权信息发布后，由意向包买方自主报价。

### （三）中介/代理行选择一家意向包买方进行交易

1. 相关方就价格、应收账款债权情况等进行沟通，并选择包买方达成交易。

2. 提交相关单证与文件。提交受益人与中介/代理行签署的国内信用证福费廷代理转让委托合同、信用证（含修改）及相关单据、开证行确认到期付款承诺、基础交易商务合同、贸易背景真实性说明材料等单证与文件。

3. 投保（中介/代理行投保时）。中介/代理行或包买方均可选择是否投保国内信用证信用险，如选择投保则办理相关投保手续。

### （四）签署福费廷买卖协议

中介/代理行与包买方签署国内信用证福费廷资产（应收账款债权）买卖协议（含债权代理转让内容）。

### （五）发送国内信用证福费廷代理转让委托业务确认书

向信用证受益人发送福费廷代理转让委托业务确认书，约定业务办理条件、融资利息及相关费用等。

### （六）发送款项让渡通知

中介/代理行向开证行发送款项让渡通知，请开证行到期直接支付给包买方指定账户。

### （七）通知包买方付款、中介/代理行收款/放款

1. 在向开证行成功发送款项让渡通知后，通知包买方请其按达成的国内信用证福费廷买卖协议付款，付款时应按照约定的利率、费率，

扣收融资利息及相关费用。

2. 中介/代理行收到包买方付款后，向受益人办理款项发放手续（扣除中介费/代理费）。

### （八）到期收款/理赔

到期由开证行直接向包买方付款，如开证行仍将款项支付给中介/代理行，则中介/代理行应在收款当日向包买行办理款项转支付手续。

包买方到期未能足额收妥开证行付款且投保国内信用证信用保险的，则及时办理索赔手续，中介/代理行应在责任范围内协助包买方办理索赔手续。

## 三、包买行须谨慎办理福费廷融资业务的情况

包买行应谨慎办理出现以下情况的国内信用证福费廷业务，原则上应要求投保国内信用证信用保险。

（一）无法核定开证行授信额度，或已核定的授信额度不足；

（二）开证行近期市场负面传闻较多，或所在地区出现金融环境恶化；

（三）开证行处于开展国内信用证业务初期，缺少富有经验的信用证业务操作专职人员；

（四）开证行曾出现过无理拒付、故意挑剔非实质性不符点等情况，或与其他行发生过类似纠纷；

（五）开证行遵守惯例意识薄弱，承诺到期付款时，常需提前多次催付，或曾出现过晚付款情况；

（六）国内信用证项下所交易的商品存在互销、寄售、满意后付款等情况，或无法核实贸易背景真实性；

（七）国内信用证项下的申请人与受益人（即基础交易合同买卖双方）是关联企业或存在变相关联关系，或为新设企业且无法评估其资

信情况；

（八）国内信用证项下的商品或服务贸易交易，属于"两高一剩"① 或房地产等行业。

---

① "两高"行业指高污染、高能耗的资源性行业；"一剩"行业指产能过剩行业。

国内信用证福费廷二级市场交易业务，通常指在银行同业之间，一家银行以约定的价格，转卖或包买经国内信用证开证行确认到期付款的未到期应收账款债权（也称福费廷资产），该转卖或包买为无追索权行为，但无追索权不包括因法院止付令、禁付令、冻结令或其他具有相同或类似功能的司法命令，导致包买方未能在款项到期时从开证行获得偿付的情况。

转卖或包买通常依据应收账款债权情况、交易成本、交易便利性等方面，择优选择交易标的与交易对手，且相关债权转让应通知开证行。包买方买入福费廷资产后既可持有至到期日，也可根据自身经营需要、市场情况以及开证行资信及所承保的保险公司资信变化情况等，在买入当时或持有一段时间后，通过福费廷二级市场进行再次转卖。

国内信用证福费廷二级市场交易业务，分为福费廷资产转卖和福费廷资产包买两种方式。

## 一、福费廷资产转卖

福费廷资产转卖，即转卖方将持有的应收账款债权，在二级市场转卖给其他包买方，并由其他包买方承担国内信用证开证行到期是否付款的风险，该转卖事实需通知开证行。

## （一）发出转卖信息

转卖方在综合考虑各种因素后，决定将其持有的某笔应收账款债权在福费廷二级市场上卖出时，应发布拟转让的应收账款债权信息，包括国内信用证编号、开证行名称、币种、信用证金额、单据金额、期限以及商品或服务所处行业、承付到期日、开证申请人名称、受益人名称、开证申请人与受益人是否为关联方等。

## （二）选择转卖报价方式

1. 如选择转卖方报价，则发布拟卖出的应收账款债权信息及卖出报价，供包买方选择。

2. 如选择买方竞价，则发布拟卖出的应收账款债权信息，由意向包买方自主报价。

## （三）选择包买方及交易办理

1. 转卖方与包买方就价格、应收账款债权情况等进行沟通，并选择包买方达成交易。

2. 转卖方向包买方提供单证与文件，包括国内信用证（含修改）及相关单据、开证行承诺付款确认电、贸易背景真实性说明材料、基础交易商务合同等单证与文件。

3. 包买方或转卖方可根据应收账款债权情况选择是否投保国内信用证信用保险及应收账款转让附加险，如选择投保则办理相关投保手续。

## （四）协议签署、款项让渡通知

1. 签署买卖协议。转卖方与包买方签署国内信用证福费廷资产（应收账款债权）买卖协议。

2. 发送款项让渡通知。转卖方向开证行发送款项让渡通知电文，通知开证行其已将应收账款项下一切权利及款项不可撤销地、无条件地转让给包买方，指示开证行在付款到期日，将款项直接付至包买方指定账户。

### （五）通知包买方付款/转卖方收款

向开证行成功发送款项让渡通知后，包买方按达成的福费廷资产买卖协议付款，转卖方收款。

包买方付款时，应按照约定的利率、费率，在付款汇出时扣收相关息费，包括融资利息、宽限期费、手续费（如有）、其他费用（如有）等。

1. 融资利息由融资利率和融资天数确定，一般采用直线贴现法计算。

2. 宽限期（额外多收期）通常会被加入融资天数，用以冲销不能如期收妥应收账款而产生的额外利息。一般设为 1～2 天为宜。

3. 手续费是指应由包买方承担的业务处理费用。

4. 其他费用，可能包括邮寄费、电报费和预留银行扣费等。

### （六）到期催付、收款、理赔

1. 在开证行承诺付款到期前 5 个工作日，包买方应向开证行提示到期付款。

2. 转卖方在应收账款到期时，检查开证行是否仍将款项支付给转卖方，如是则转卖方应在收款当日将款项转支付给包买方。

3. 包买方到期未能足额收妥开证行付款且投保国内信用证信用保险的，应及时办理索赔手续，转卖方应在责任范围内协助包买方办理索赔手续。

### （七）其他

出现福费廷资产买卖协议中约定的包买方保留追索权的情形时，包买方应立即向转卖方追索有关已支付的款项及相关利息、罚息和费用（如有），同时将相关应收账款债权反转让给转卖方。

# 二、福费廷资产包买

## （一）发出包买意向

包买方拟通过福费廷二级市场购买福费廷资产时，应及时发出意向包买报价，通常根据开证行及信用证期限不同加以区分，并可加入限制性包买条件，如不买"两高一剩"或房地产等行业的福费廷资产。

## （二）交易标的选择

1. 直接筛选：包买方选择符合自身要求的应收账款债权交易标的，在标的筛选过程中应注意落实开证行授信额度、应收账款贸易背景等，必要时投保国内信用证信用保险。

2. 竞价筛选：针对转卖方选择买方竞价模式进行应收账款债权转卖的，包买方应结合自身情况对相关交易标的进行自主报价。在标的筛选过程中应注意落实开证行授信额度、应收账款贸易背景等，必要时投保国内信用证信用保险。

## （三）交易达成

买卖双方就价格、应收账款情况等进行沟通并达成交易。

## （四）审核相关背景文件并对协议进行确认

1. 包买方对转卖方提供的信用证（含修改）及相关单据、开证行承诺付款确认电、贸易背景真实性说明材料、基础交易商务合同、信用保险保单（如有）等文件进行审核。

2. 签署买卖协议。转卖方与包买方签署福费廷资产买卖协议。

3. 转卖方办理款项让渡通知。转卖方向开证行发送款项让渡通知电文，通知开证行其已将应收账款项下一切权利及款项不可撤销地、无条件地转让给包买方，指示开证行在付款到期日，将款项直接付至包买方指定账户。

### （五）通知包买方付款/转卖方收款

向开证行成功发送款项让渡通知后，包买方按达成的福费廷资产买卖协议付款（应扣除相关息费），转卖方收款。

### （六）到期催付、收款、理赔

1. 在开证行承诺付款到期前 5 个工作日，包买方应向开证行提示到期付款。

2. 转卖方在应收账款到期时，检查开证行是否仍将款项支付给转卖方，如是则转卖方应在收款当日将款项转支付给包买方。

3. 包买方到期未能足额收妥开证行付款且投保国内信用证信用保险的，应及时办理索赔手续，转卖方应在责任范围内协助包买方办理索赔手续。

### （七）其他

出现福费廷资产买卖协议中约定的包买方保留追索权的情形时，包买方应立即向转卖方追索有关已支付的款项及相关利息、罚息和费用（如有），同时将相关应收账款债权反转让给转卖方。

## 三、包买方谨慎办理福费廷二级市场交易业务情况

在国内信用证福费廷二级市场，包买方应谨慎购买出现以下情况的国内信用证福费廷资产，原则上应要求投保国内信用证信用保险、应收账款债权转让附加险。

（一）无法核定开证行授信额度，或已核定的授信额度不足；

（二）开证行近期市场负面传闻较多，或所在地区出现金融环境恶化；

（三）开证行处于开展国内信用证业务初期，缺少富有经验的信用证业务操作专职人员；

（四）开证行曾出现过无理拒付、故意挑剔非实质性不符点等情况，或与其他行发生过类似纠纷；

（五）开证行遵守惯例意识薄弱，承诺到期付款时，常需提前多次催付，或曾出现过晚付款情况；

（六）国内信用证项下所交易的商品存在互销、寄售、满意后付款等情况，或无法核实贸易背景真实性；

（七）国内信用证项下的申请人与受益人（即基础交易合同买卖双方）是关联企业或存在变相关联关系，或为新设企业且无法评估其资信情况；

（八）国内信用证项下的商品或服务贸易交易，属于"两高一剩"或房地产等行业。

# 第七节
# 国内信用证应收账款债权资管计划

国内信用证应收账款债权资管计划，指依托经国内信用证开证行确认到期付款的应收账款债权来发行资产支持专项计划，开展资产购买/转让。办理国内信用证应收账款债权资产管理计划时，通常需投保国内信用证信用保险，以保障交易安全。同时，对于发生约定的除外情况，包括但不限于因存在欺诈而收到法院止付令、禁付令、冻结令或其他具有相同或类似功能的司法命令等交易双方事先约定的情况，实行资产赎回政策。

应收账款债权资管计划分为专项资产管理计划和定向资产管理计划两种业务模式。

## 一、专项资产管理计划

专项资产管理计划指银行（通常为信用证交单行）作为代理人（代理国内信用证受益人办理交易）或委托人（自身持有的国内信用证应收账款债权办理交易），在投保国内信用证信用保险的情况下，无追索地将经国内信用证开证行确认到期付款的应收账款债权转让给券商或基金公司作为计划管理人设立的资产支持专项计划，向合格投资者募集资金用于支付基础资产转让价款的业务。

### （一）预估资金报价

1. 计划管理人报价。

（1）定价规则。计划管理人以同业福费廷二级市场、票据市场、同业拆借市场、短融等债券市场价格为参考基础，结合向专项计划各类潜在投资人进行询价的情况，确定不同期限的资产支持证券价格，如6个月、12个月等的价格。

（2）价格发布。计划管理人发布不同期限的资金预估价格，且标明具体报价的有效期以及计划设立日，同时公布计划管理费、律师服务费、评级机构服务费、资产管理费、托管费等中介费用。价格发布日通常在专项计划设立日（起息日）前至少7个工作日（T–7）对外发布。

2. 信用保险报价。通常情况下，办理应收账款债权专项资产管理计划时，需投保国内信用证信用保险，保费价格由保险公司根据开证行资信、单据金额、期限、行业、申请人及受益人是否为关联方等情况确定。

3. 代理人报价。银行作为代理人时，根据计划管理人发布的价格及相关中介费用，加上信用保险保费和本机构作为代理人应收取的交易安排费用后，向国内信用证受益人报价。

4. 接受报价。

（1）银行作为代理人时，如国内信用证受益人接受综合报价，则办理资产预约。

（2）银行作为委托人时，结合自身持有的该笔应收账款债权当初购买成本、价格市场预期走势等情况，如接受当前报价，则办理资产预约。

## （二）资产预约

1. 信用证受益人提交业务申请。信用证受益人接受代理人综合报价后，代理人与受益人签署国内信用证应收账款债权专项资管计划业务委托代理合同（一次性提交）并逐笔提交委托代理申请书，以及应收账款债权材料和证明文件，包括但不限于信用证（含信用证修改及其通知书）以及信用证项下未到期应收账款债权资料（包括基础交易商务合同、交单面函、货运单据或提供服务证明、增值税发票）的复印件、开证行确认到期付款电文等。

2. 代理人/委托人审核拟转卖的应收账款债权信息、上传相关文件，并办理投保手续。

（1）代理人/委托人审核拟转卖的应收账款债权信息，包括国内信用证编号、开证行名称、币种、金额、期限、商品或服务等。同时，作为代理人时需审核与国内信用证受益人签署的委托代理合同及委托代理申请书；作为委托人时需审核原包买业务办理文件。此外，代理人/委托人需确认基础交易不属于监管机构发布的专项资产管理计划业务基础资产负面清单指引中所列的资产。

（2）审核要点如下：

①审核信用证及修改，是否符合《国内信用证结算办法》（中国人民银行、银监会〔2016〕第10号）管理规定。

②审核未到期应收账款债权相关背景：

一是买卖双方签署的基础交易商务合同或订单，是否存在明显不妥情况，尤其是买卖双方是否存在关联交易。

二是贸易背景真实性情况，对卖方提供的增值税发票、货运单据或提供服务证明进行审查，并要求信用证受益人出具贸易背景真实性承诺。

三是审核开证行确认到期付款电文。

四是审核代理人与信用证受益人签署的合同文本和申请，或委托人原包买业务办理文件。

③审核未到期应收账款债权是否符合计划管理人公布的资产入池标准，包括期限、单笔最大金额、行业背景、承付行等。

3. 办理投保手续。代理人/委托人办理投保手续，通常情况下保费将在支付转让款项时由计划管理人代扣并支付至保险公司指定账户。

4. 提交资产预约申请。保险公司核保通过后，代理人/委托人通常应于专项计划设立日前至少5个交易日（T-5）正式向计划管理人提交资产预约申请。

## （三）相关方审核代理人/委托人提交的拟入池资产

在收到预约申请后，计划管理人、律师事务所及评级机构按对代理人/委托人提交的应收账款债权资料进行审核，并在 2 个工作日之内反馈审核结果。如在资产预约审核过程中被要求补充相关资料，则代理人/委托人需在 1 个工作日之内收集相关材料并提交，如无法提交需及时向计划管理人说明，在 1 个工作日内未按要求提供的，默认为预约退回。

如基础资产不符合计划管理人公布的入池标准，则资产预约将被直接退回，且该资产将无法再次申请预约同一计划。

对于入池核准通过的基础资产，形成合格应收账款债权清单，作为基础资产买卖协议附件之一。

### （四）协议签署

在专项计划设立日前至少 1 个工作日，代理人/委托人与计划管理人签订国内信用证应收账款债权基础资产买卖协议（分代理人版、委托人版）。

### （五）发送款项让渡通知

作为基础资产转让的前提，代理人/委托人需于协议签署后 1 个工作日内代理原始权益人（信用证受益人）或自身作为权益人将合格应收账款债权清单项下的应收账款向开证行发送款项让渡通知。

### （六）交易所挂牌转让并收取认购款项

计划管理人在向交易所及基金业协会递交所有资料并完成登记和备案后，专项计划经由交易所正式挂牌转让，接受投资者认购，认购款项将在认购时直接付至托管行指定账户。

### （七）款项发放与支付

计划管理人应在专项计划设立日 15：00 前向托管行发出付款指令，指示托管行将基础资产购买价款划转至代理人/委托人指定的银行账户，用于基础资产的购买。托管人应对计划管理人付款指令中资金的用途及金额进行核对，并于专项计划设立日 16：30 前予以划转。

1. 代扣各类费用并支付至指定账户。

（1）代扣保险费用并支付至保险公司指定账户，保单生效。

（2）代扣计划管理费、资产服务费、律师事务所服务费、托管费、评级机构服务费等并支付至指定账户。

2. 代扣专项计划资金利息，留存托管账户待未来投资到期时一并支付，该部分利息留存及其投资产生的额外收益起到了流动性支持和安全垫的作用。

3. 托管行完成各类费用及利息代扣代付后，将基础资产对应的转让价款支付至代理人/委托人账户。对代理人而言，在收到托管行付来的基础资产转让价款后，扣除事先约定的交易安排费用，优先偿还国内信用证受益人在代理人其他融资款项后，将剩余款项支付至受益人指定账户。

## （八）到期收款

1. 在应收账款到期前 5 个工作日，计划管理人向开证行催付款，尤其在应收账款到期日，计划管理人应监督开证行及时付款，代理人/委托人应检查开证行是否仍将款项支付至本行，如是，则应在收款当日将款项转支付至专项计划托管行指定的托管账户。

2. 应收账款到期时，若未能从开证行足额收妥应收账款，计划管理人必须采取一切必要手段向开证行催收，同时启动保险项下索赔程序，保证专项计划投资人作为善意第三人能够按时足额收回投资款项及收益。

## （九）流动性管理

1. 到期日管理。原则上每个专项计划的同一期限基础资产的应收账款到期日，必须早于专项计划到期兑付日前 2 个工作日（含）。

2. 利息和收益管理。专项计划投资人的收益全部来源于作为基础资产的应收账款，专项计划基础资产的购买采取折价受让方式，投资人受让的是全部应收账款债权及其附属权益。

3. 资产赎回。如发生基础资产买卖协议中约定的除外情况，包括但不限于因存在欺诈而收到法院止付令等，计划管理人需书面通知代理人/委托人回购对应资产，代理人/委托人需在 3 个工作日之内履行资产回购义务。如选择资产赎回，代理人/委托人需联系原应收账款出让方要求退还转让款，退还未果时则由代理人/委托人垫款支付。否则，启动保险索赔程序。

# 二、定向资产管理计划

## （一）资产购买操作流程

1. 每日提交报价。银行、基金等购买应收账款债权资产时，每日发布意向包买报价，根据开证行、国内信用证期限等不同加以区分。

2. 应收账款标的选择。

（1）直接筛选：针对出让方选择卖方报价模式进行出让的应收账款，筛选出符合自身要求的交易标的，在标的筛选过程中应注意选择开证行、应收账款贸易背景等。

（2）竞价筛选：针对出让方选择买方竞价模式进行应收账款出让的，根据应收账款标的信息，结合开证行、应收账款贸易背景等对相关应收账款进行自主报价。

3. 交易达成。买卖双方就价格、应收账款情况等进行沟通，并达成交易。

4. 协议签署及款项让渡通知发送。

（1）审核单据。银行作为包买方对出让方上传的基础交易商务合同、信用证（含修改）及相关单据、开证行承诺付款确认电、贸易背景真实性说明材料、信用险保单等文件进行审核。

（2）协议签署。包买方与出让方签署国内信用证福费廷资产（应收账款债权）买卖协议。

（3）办理款项让渡通知与确认回执。在出让方向开证行成功发送款项让渡通知电后，通知包买方并发送付款请求。

5. 包买方付款。包买方在收到出让方发来的款项让渡发送成功及付款请求后，按达成的买卖协议向出让方付款，出让方收款。

6. 后期管理、到期催付、收款、索赔、闭卷。

（1）在开证行承诺付款到期前 5 个工作日，包买方联系开证行催付。

（2）如承付到期日开证行未足额付款，则包买方发起保险索赔流程。

（3）到期足额收妥开证行付款或保险公司赔款后，该笔应收账款债权买卖业务闭卷。

7. 反转让。当出现买卖协议中约定的用户作为包买方保留追索权的情形时，包买方应立即向出让方追索有关已支付的款项及相关利息、罚息和费用（如有），同时将相关应收账款债权反转让给原出让方。

## （二）资产转让操作流程

1. 确定拟卖出已持有的应收账款。在综合考虑各种因素后，应收账款债权资产持有人决定作为应收账款债权的出让方以完全让渡的方式转让资产。

2. 确认转卖价格。根据拟卖出的应收账款具体情况（如开证行、付款期限、保险等），参照当前同业资金价格，加上自身必要的利润费用，来确定拟卖出的应收账款价格。

3. 转卖信息发布。确定拟卖出的应收账款价格后对外发布，可选择卖方直接报价及买方竞价两种报价方式。

（1）如选择卖方报价，则发布拟卖出的应收账款债权信息及卖出报价，供买方选择。

（2）如选择买方竞价，则发布拟卖出的应收账款债权信息，由意向买方自主报价。

4. 买卖双方就价格、应收账款情况等进行沟通，并选择买方达成交易。

5. 交易确认、协议签署、款项让渡通知。买卖双方通过平台确认交易达成后，办理买卖协议签署、款项让渡通知手续。

（1）出让方与包买方签署买卖协议。

（2）出让方发送款项让渡通知。

6. 通知包买方付款/出让方收款。出让方向开证行成功发送款项让渡通知后，通知包买方请其按达成的买卖协议付款，出让方收款。

7. 到期检查。

（1）在开证行承诺付款到期前 5 个工作日，包买方应向开证行提示到期付款。

（2）出让方在应收账款到期时，检查开证行是否仍将款项支付给出让方，如是，则出让方应于收款当日将款项转支付给包买方。

（3）到期如包买方未能足额收款并发起保险索赔时，则出让方应在责任范围内协助包买方办理索赔手续。

# 第八节
# 国内信用证其他融资业务

国内信用证融资除特有的不占用信用证受益人（卖方）授信额度的福费廷融资及二级市场交易、应收账款债权资管计划等无追索权融资业务外，还包括占用买方或卖方在融资银行授信额度的买方押汇、卖方押汇、议付、打包贷款等有追索权融资业务。办理此类融资业务前，通常企业与银行须签署专项协议，约定融资金额、期限、利率、利息收取方式、还款保证等内容。

## 一、议付

### （一）业务受理与办理原则

1. 坚持贸易背景真实、合法性原则。可议付信用证项下受益人（卖方）提交单据后向银行申请办理议付业务，必须具有真实的贸易背景，开证行付款是议付的第一还款来源。

2. 坚持统一授信的基本原则。有追索权议付须纳入对卖方客户的统一授信管理，无追索权议付须纳入对开证行或保兑行的统一授信管理。

3. 办理议付的信用证开证行或保兑行资信较好、信用证未限定他行议付、索汇路径清晰。如开证行或保兑行规模较小或资信欠佳，应投保国内信用证信用保险。

4. 办理议付业务，应按照约定的利率于放款日收取融资利息及相关费用。

5. 在单据经审查存在不符点的情况下，如开证行以书面形式明确同意接受不符点，可以办理议付。

6. 议付分为无追索权和有追索权，如无法从开证行/保兑行收款，对有追索权议付应及时向卖方追索。

7. 办理议付业务，应通过相应的会计科目进行核算。

### （二）期限与金额

1. 议付期限从放款之日起至信用证项下款项回收日止，合理匡算，即期信用证项下，匡算合理的寄单、开证行审单与付款时间，通常最长不超过 30 天；远期信用证项下，议付期限通常与开证行承付期限一致。

2. 议付最高金额不超过信用证项下交单应收款项金额。

### （三）业务办理与款项归还

1. 办理议付业务时，应要求信用证受益人提交加盖公章或约定印鉴的统一格式的申请书、信用证规定的单据、信用证/修改正本及有关合同等有效凭证及文件。

2. 对于有追索权议付，应做好对信用证受益人担保落实情况的审查工作。在发放议付款项前，应落实相应的担保（给予免担保授信额度的情况除外）。担保形式包括保证、抵押、质押等。担保形式可单独使用或混合使用。对于无追索权议付，应做好开证行或保兑行授信额度核定、占用、恢复等工作。

3. 到期未能足额从开证行收回款项时，按逾期贷款有关规定处理，并做好款项催收、资产保全、风险分类、准备金计提等工作。

### （四）业务办理注意点

1. 申请议付的国内信用证必须是可议付信用证，包括指定议付行议付或任何银行均可议付两种情况。

2. 议付行办理议付后，其第一还款来源为开证行的付款，故通常需对开证行资信进行评估，必要时投保国内信用证信用保险。

3. 议付行办理议付前，应对受益人提交的单据进行严格审核，确保单证相符、单单一致。单证不符时，议付行可提前通知开证行。在得到其接受不符点单据的情况下，方可办理议付。

4. 议付款项只能支付给信用证的受益人（卖方），且如卖方此前办理了打包贷款，则议付款项首先用于偿还已办的打包贷款。

# 二、卖方押汇

## （一）业务受理与办理原则

1. 坚持贸易背景真实、合法性原则。信用证受益人（卖方）向银行申请办理卖方押汇业务，必须具有真实的贸易背景，信用证项下回款是银行卖方押汇的第一还款来源。

2. 坚持统一授信的基本原则。卖方押汇业务须纳入对卖方客户的统一授信管理。

3. 办理信用证项下卖方押汇的信用证开证行或保兑行资信较好、信用证未限定他行议付、索汇路径清晰。如开证行规模较小或资信欠佳，应投保国内信用证信用保险。

4. 办理卖方押汇业务，原则上应按照约定的利率于放款日收取融资利息及相关费用。如因特殊原因，可采用后收利息，利随本清的方式。

5. 在单据经审查存在不符点的情况下，如开证行以书面形式明确同意接受不符点，可以办理押汇业务。

6. 卖方押汇是银行对信用证受益人（卖方）保留追索权的融资，不论何种原因，如无法从开证行/保兑行收款，应及时向卖方追索。

7. 办理卖方押汇业务，应通过相应的会计科目进行核算。

## （二）期限与金额

1. 卖方押汇期限从放款之日起至信用证项下款项回收日止，合理匡算，且不允许展期。即期信用证项下，匡算合理的寄单、开证行审单与付款时间，通常最长不超过 30 天；远期信用证项下，卖方押汇期限通常与开证行承付期限一致。

2. 卖方押汇最高金额一般不得超过信用证项下交单应收款项的 80%。

### （三）业务办理与款项归还

1. 办理卖方押汇业务时，应要求信用证受益人提交加盖公章或约定印鉴的统一格式的申请书、信用证规定的单据、信用证/修改正本及有关合同等有效凭证及文件。

2. 做好卖方押汇担保落实情况的审查工作。在发放卖方押汇款项前，应落实相应的担保（给予免担保授信额度的情况除外）。担保形式包括保证、抵押、质押等。担保形式可单独使用或混合使用。

3. 卖方押汇业务项下的应收款项回收后，必须首先用于归还该笔卖方押汇，若所收款项不足以偿还该笔卖方押汇，则应及时向卖方追索。

4. 卖方押汇到期无法足额归还本息的，按逾期贷款有关规定处理，并做好款项催收、资产保全、风险分类、准备金计提等工作。

### （四）业务办理注意点

1. 卖方押汇以信用证项下开证行付款作为第一还款来源，通常需对开证行资信进行评估，必要时投保国内信用证信用保险。

2. 卖方押汇期限，即期信用证以单据寄送开证行后的预计收款天数来确定，远期信用证同远期期限。

3. 卖方押汇款项只能支付给信用证的受益人（卖方），且如卖方此前办理了打包贷款，则卖方押汇款首先用于偿还已办的打包贷款。

4. 办理卖方押汇后，如遇开证行拒付、延付或短付，则应及时向开证行或卖方进行追索。

# 三、打包贷款

## （一）业务受理与办理原则

1. 坚持贸易背景真实、合法性原则。信用证受益人（卖方）向银行申请办理打包贷款业务，必须具有真实的贸易背景，信用证项下回款是打包贷款业务的第一还款来源。

2. 坚持统一授信的基本原则。打包贷款业务须纳入对卖方客户的统一授信管理。

3. 打包贷款业务涉及的信用证开证行资信较好、信用证未限定他行议付、索汇路径清晰。如开证行规模较小或资信欠佳，应投保国内信用证信用保险。

4. 打包贷款资金只能用于该信用证项下出运商品的采购、生产或流转的资金需要，且用途合理、合法，贸易背景真实。

5. 在信用证允许分批装运的情形下，应根据申请人分批出运的计划分批融资，以便监控资金的使用及归还。但申请人需一次性采购，分批使用、分批生产、分批出运的情况除外。

6. 办理打包贷款业务，原则上应按照约定的利率于放款日收取融资利息及相关费用。如因特殊原因，可采用后收利息、利随本清的方式。

7. 办理打包贷款后，信用证及其修改的正本必须留存银行，已叙做打包贷款的信用证项下任何修改，必须事先征得银行同意。信用证受益人（卖方）应及时提交信用证规定的单据，如在信用证有效期内不能提交，或者开证行拒付，应要求申请人提前归还打包贷款资金及相关息费。

8. 办理打包贷款后，如信用证条款发生对银行不利的重大变动，包括开证行撤销信用证与信用证金额、效期、装期等发生银行不能接受的条款变动，应要求申请人提前归还打包贷款资金及相关息费。

9. 办理打包贷款业务，应通过相应的会计科目进行核算。

## （二）期限与金额

1. 打包贷款期限从放款之日起至信用证项下款项收妥日或办理押汇、福费廷之日止进行合理匡算，且不允许展期。

2. 打包贷款金额一般最高不得超过信用证金额的80%。

## （三）业务办理与款项归还原则

1. 办理打包贷款业务时，应要求信用证受益人提交加盖公章或约定印鉴的统一格式的申请书、有关合同等有效凭证及文件。

2. 做好打包贷款担保落实情况的审查工作。在发放打包贷款前，应落实相应的担保（给予免担保授信额度的情况除外）。担保形式包括保证、抵押、质押等。担保形式可单独使用或混合使用。

3. 打包贷款业务项下的信用证款项回收后，必须首先用于归还该笔打包贷款，若所收款项不足以偿还该笔打包贷款，则应及时向信用证受益人（卖方）追索。

4. 打包贷款到期无法足额归还本息的，按逾期贷款有关规定处理，做好款项催收、资产保全、风险分类、准备金计提等工作。

## （四）业务办理注意点

1. 银行为信用证受益人（卖方）办理打包贷款时，通常对开证行资信和信用证条款进行严格审核，必要时投保国内信用证信用保险。

2. 打包贷款的比例，通常根据卖方对该笔信用证项下货物或服务的准备背景、实际资金需求等情况确定。一般不超过信用证金额的80%。

3. 打包贷款的期限，通常与信用证付款期限相匹配。另外，如卖方在交单后办理卖方押汇、议付、福费廷融资，相关融资款项首先用于归还打包贷款。

# 四、买方押汇

## （一）业务受理与办理原则

1. 坚持贸易背景真实、合法性原则。买方向银行申请办理买方押汇业务，必须具有真实的贸易背景，贸易项下的回笼货款是银行买方押汇的第一还款来源。

2. 坚持统一授信的基本原则。买方押汇业务须纳入对买方客户的统一授信管理，授信额度的使用可等同开证时的授信额度。

3. 买方押汇申请人应为跟单信用证的开证申请人。

4. 办理买方押汇业务，原则上应按照约定的利率于放款日收取融资利息及相关费用。如因特殊原因，也可采用后收利息、利随本清的方式。

5. 买方押汇款项只能用来直接对外支付信用证项下应付款项，销售货物回笼资金是银行买方押汇的第一还款来源。

6. 办理买方押汇业务，应通过相应的会计科目进行核算。

## （二）期限与金额

1. 买方押汇期限自信用证项下对外付款之日起据实核定，且不允许展期。

2. 买方押汇金额为信用证项下全部或部分对外付款金额。

## （三）业务办理与款项归还

1. 办理买方押汇业务时，应要求申请人提交加盖公章或约定印鉴的统一格式的申请书、有关合同等有效凭证及文件。

2. 做好买方押汇授信额度与担保落实情况的审查工作，通常同开证时的授信额度与担保落实情况。

3. 买方押汇业务项下的货物销售回款后，必须首先用于归还该笔押汇款，若所收款项不足以偿还该笔买方押汇款，则应及时向申请人追偿。

4. 买方押汇到期无法足额归还本息的，按逾期贷款有关规定处理，并做好款项催收、资产保全、风险分类、准备金计提等工作。

### （四）其他注意事项

1. 买方押汇期限应与货物销售款项的回笼周期相匹配，且不得展期。

2. 买方押汇款项只能直接用于信用证项下来单的对外支付。

3. 办理买方押汇时，有时（如给予免担保授信开证时）开证行需对买方销售货物的回款进行监控。

# 第三章

## 风控

　　本章主要介绍国内信用证及融资相关的买卖双方、开证行、通知行、交单行、融资行等参与方的风险防控，以及授信开证、代开、保兑、买方押汇、打包贷款、议付、卖方押汇、福费廷、福费廷包买与风险参与、应收账款债权资管计划、信用保险等具体业务的风险防控。

# 第一节
# 国内信用证基础商务合同买卖双方面临的风险及防范

风险，通常指因未来不确定性而带来损失的可能性。虽然国内信用证独立于基础商务合同，但基础商务合同的顺利履行，对减少国内信用证纠纷起到至关重要的作用。

在国内贸易中，买卖双方签署的基础商务合同包含各种潜在风险，如不采取适当的防范手段，可能导致贸易纠纷，从而引发国内信用证纠纷。

## 一、买卖双方信用风险

在国内贸易中，买卖双方都存在信用风险的问题。对于买方来说，如果卖方违约不履行合同，即不按所签署的商务合同要求发运货物或提供服务，这将给买方带来损失。对于卖方来说，如果货物发运或提供服务后，买方无力或不愿支付全部交易款项，这将给卖方带来损失。

采用国内信用证结算方式，是解决上述买卖双方所担心交易对手信用风险问题的最好方案，即由买方申请由其银行向卖方开出国内信用证，但卖方需接受开证银行的信用风险。如果对开证银行资信或经营作风有疑问，卖方有两种解决方案可供选择：一种是请其信任的银行对该信用证加具保兑，即由保兑行承担开证银行信用风险；另一种是购买国内信用证信用保险，未来一旦开证银行破产、被接管或无理拒付，可向保险公司索赔。

## 二、买方支付的预付款退还风险

对于大宗商品或资本性货物的买卖而言，通常卖方会要求买方事先支付一定比例的预付款，再安排生产或发运，但对买方而言，担心支付预付款后，卖方违约又不退还预付款的情况发生。为此，买方可要求卖方提供一份由银行开立的预付款退款保函（见索即付独立保函、受益人为买方），如卖方未来不能履约，则买方可以凭保函进行索赔。

## 三、卖方履约风险

对于对买方生产经营影响较大的商品或服务而言，卖方是否按期履约交货或提供服务，将影响到买方整个供应链的管理安排，为防范卖方履约风险，除买方开出信用证外，还可要求卖方请其银行开出履约保函（见索即付独立保函、受益人为买方），如卖方未来不能履约，则买方可以凭保函进行索赔。

此外，对于大型设备、零配件的采购或工程承包，为防止质量风险，可要求卖方提供质量保函（见索即付独立保函、受益人为买方）。未来如发生质量问题，买方可以凭保函进行索赔。

## 四、远期期限匹配风险

买方购货为通过延长付款账期以减轻资金压力，或卖方销货为通过延期收款来扩大销售，这是市场常见的销售结算方式，但该延期付款的期限并非越长越好，原则上应符合买卖交易涉及的货物或服务销售特点，故买卖双方签署基础商务合同约定采用远期信用证结算时，所约定的远期期限应综合考虑货物生产、发运、销售及回款整个周期进行匡算。对于明显与实务不符、人为拉长期限的情况，可能遭到国内信用证开证银行、融资银行的质疑，进而拒绝办理有关业务。

## 五、货物运输/仓储损失风险

买卖双方基础商务合同项下的货物在运输或仓储过程中，可能面临由自然灾害和意外事故造成的货物损失风险，这是买卖双方都不愿意看到的，故通常通过投保的方式进行规避，采用国内信用证结算时，保险单据可作为提交的单据之一。

货物运输保险以运输途中的货物作为保险标的，包括铁路货物运输保险、水路货物运输保险、航空货物运输保险、公路货物运输保险等。由于投保险别不同，其保险费率各异，赔偿的范围也有区别，故买卖双方应根据货物性质、路程远近、运输工具的不同以及季节性天气变化等有关因素决定投保哪一种险别较合理。此外，还有仓储保险（财产险）、运输公司责任险等保险品种供投保选择。故买卖双方在选择险种时，应根据自身情况及货物情况，选择适合的险种，在保费支出与可保范围之间寻求一种最佳结合点。

## 六、合同执行与制单风险

合同执行与制单风险指买卖双方签署商务合同约定采用信用证结算时，因错误理解合同条款或无法满足信用证规定的条款而带来的风险。要避免此类风险：一是要加强员工相关业务技能的培训，做到应知应会；二是在合同签署前，相关部门要加强沟通，确保合同条款、信用证条款可执行；三是请银行信用证审单专业人员对信用证条款及制单给予专业指导。

# 第二节
# 国内信用证相关银行面临的风险及防范

国内信用证是银行有条件的付款承诺，即只要提交了与信用证规定的相符单据，就满足了信用证付款条件，开证银行就必须付款。信用证只处理单据而不管单据所代表货物，这一运作机制更需要开证行、通知行、交单行、福费廷包买行等参与银行加强对信用证业务操作的风险管控。

## 一、建立必要的风控体系

在银行内部应从树立风险意识、明确职责分工、贯彻执行政策、开展风险评估、加强后期管理等方面，建立国内信用证风控体系。

### （一）树立风险意识

风险意味着可能的损失，银行从事与国内信用证相关的人员，在日常业务处理过程中必须牢固树立风险意识，了解国内信用证每一项风险可能给银行带来的信誉和资金损失。

树立风险意识，可通过加强培训、提高责任心、建立企业文化等途径落实。

### （二）明确职责分工

银行涉及国内信用证业务处理的部门较多，如业务拓展部门、授信审批部门、业务办理部门、金融机构部门、资金部门等，因此必须明确相关部门职责界限以及所在部门内部相关团队、员工所承担的职能与职责，各司其职。

明确职责分工，可通过加强内部控制、完善组织架构、明确汇报路线等方式实现。

### （三）贯彻执行政策

明确部门及岗位职责后，相关人员应严格按岗位要求及相应的操作规程履行自己的职责，发现可能的风险时，应按照规定流程及时处置并上报。

### （四）开展风险评估

风险评估，即事先按照一套确定的风险偏好模型对风险进行测量，以判断风险可能导致损失的大小，以及制定相应的风险损失弥补方案，其中客户主体信用评级、债项风险评估、综合授信额度核定等过程最为关键。

### （五）加强后期管理

后期管理是国内信用证全流程风险管控的重要一环，对风险起到监控与预警作用，应明确相关部门的相关职责及工作内容，尤其是做好定期检查工作，采用不同形式及时排查风险发生的可能性，及时报告，及时预警，以便提前采取恰当的风险管理措施。

## 二、加强国内信用证内部控制

银行应根据国内信用证业务特点，加强内部控制，将风控体系总体要求嵌入业务处理流程，让身处业务流程每一节点的员工清楚自己的职责和工作要点。

### （一）纳入统一授信管理

国内信用证的开证及各种融资业务，均涉及授信管理问题，需纳入银行统一授信管理范畴，遵守银行相关授信授权管理规定。

1. 业务营销部门负责对客户经营情况、财务状况、履约能力、授信需求等进行调查评估，在综合分析客户资信状况、授信承受能力和授信需求的基础上，对授信额度总额、授信担保条件、授信使用条件、额度切分等提出调查评估意见。

2. 业务办理部门负责根据国内信用证的技术性、合规性与操作性风险情况，针对所受理的国内信用证，从债项角度对授信提出有关意见与建议。

3. 授信审批部门负责根据银行授信、授权、风险管理以及国内信用证业务发展战略等相关规定，对客户授信需求按程序审批。

4. 授信经批准后，在办理国内信用证相关授信业务前，应落实相应的授信担保，授信担保形式包括保证、抵押、质押、保证金等，担保形式可以单独使用也可以混合使用；在授信使用后，应在中国人民银行企业征信系统进行登记。

5. 对于使用授信办理的国内信用证及融资业务，应开展授信业务后期管理工作，包括授信后检查、授信业务风险分类、融资本息回收及相关费用收取、表外责任解除、授信业务风险监控、授信风险突发事件处理、授信展期等。

6. 对于国内信用证相关授信业务而言，有时为了履行银行的付款责任，银行需垫付相关款项。银行在垫款后或相关融资逾期后应积极催收，催收方式包括电话催收、书面催收、发送律师函和法律诉讼等，保证催收力度和催收的连续性，形成催收记录，建立详细的催收档案。该档案应详细记录每次催收时间、内容、参加人、债务人/担保人的答复等并附有关催收文件及回执。在催收过程中，如发现客户偿还债务确有问题，应立即对其提供的抵（质）押品、有关担保人采取果断处理措施，避免或减少损失。

## （二）加强银行网点及岗位分工管理

银行网点开办国内信用证业务，应具有一定数量信用证业务操作经验的专业人员，建立相应岗位监督与制约机制，具备办理国内信用证业务所需的信息系统等。

银行网点开办国内信用证业务时，应结合自身情况与业务种类、业务风险及业务金额大小，在业务受理、审理、办理等环节设置经办、复核、授权、超级授权等岗位处理业务，对同一笔业务经办、复核、授权岗位不得兼任。国内信用证及相关融资业务多为授信业务，需要业务营销部门、业务办理部门、授信审批部门通力合作，共同配合。

## （三）明确业务受理原则

本着"了解客户，了解客户业务"的原则，严格遵照中国人民银行、银保监会相关规定受理国内信用证各项业务，尤其是应加强贸易背景真实性的审查及融资用途是否合理的审核。受理国内信用证各项业务时，应要求客户提交委托事项清楚、指示明确的书面委托或申请，各类业务委托书或申请书，通常使用银行统一文本。

## （四）制定业务处理原则

处理国内信用证业务，应严格按照监管机构及相关行业协会制定的办法、指引、意见等政策办理；严格按照客户委托和指示办理业务；严格按照银行业务授权和授信授权规定办理业务；严格按照经物价管理部门核准的费率收取业务处理费用；严格执行业务风险分类、风险准备金计提、呆账核销以及表外业务根据信用转换系数与对应的表内项目权重计算其风险权重资产等规定。

## （五）加强业务系统管理

办理国内信用证业务时，需通过相应业务系统进行，银行业务网点在开办国内信用证业务前，需安装相关业务系统，配置相应参数，并对从业人员进行相关业务系统操作培训。业务系统通常设置经办、复核、授权、超级授权四级柜员权限，办理每笔业务至少要经过经办、复核两级权限完成。

## （六）其他

办理国内信用证业务要遵照"及时处理"的原则，不得无故拖延、积压。对于业务查询应遵循"有询必查、有查必复"的原则。银行与客户之间相互交付的文件、单据、凭证、票据等重要文件，应建立签收机制。签收时应确认对方身份，核对交付文件、单据、凭证、票据的种类、份数、内容。此外业务处理过程中遇有可疑、异常情况，应及时向上级报告，同时应做好业务档案管理工作，包括客户档案、授信档案、业务档案、授信后期管理档案等，确保档案管理合规、完整、准确，真实反映国内信用证业务处理的全过程。

# 三、银行防范国内信用证欺诈要点

## （一）了解客户情况

银行无论业务指标压力有多大，竞争有多激烈，都要充分了解来银行办理国内信用证相关业务的客户情况，了解其经营情况、财务状况、征信记录、法人代表个人资信情况等，并应开展必要的信用评级。

1. 对于开证申请人作为买方而言，应对其未来是否具有付款能力进行判断。

2. 对于信用证受益人作为卖方而言，应对其是否具有备货或提供服务能力进行判断。

## （二）了解客户交易情况

银行要对客户的交易对手及交易情况进行了解，甄别是否为关联交易（如同属于一个股东或变相相互开证等），了解买卖双方既往合作历史、是否有信用证拒付情况，商品或服务是否为买卖双方主营业务，货物或服务价格是否合理，货物运输方式及投保情况，交易是否符合惯例，融资比例、期限与用途是否合理等。

### （三）了解担保情况

对于办理国内信用证授信业务提供抵押、质押或信用反担保时，要对抵（质）押物及反担保人的情况进行调查了解，确保质权合法有效并采取有效的监控手段，防范担保风险。

### （四）了解单据情况

国内信用证单据要求相对简单，如运输单据、增值税发票、保险单据等，但需谨慎处理采用收货证明替代运输单据情况，必要时要求提供出库单、发货单、入库单、仓储单等单据，对于增值税发票应开展二次核验，运输保险、仓储财产保险等保险单据也应尽可能要求提交。

### （五）了解结算期限情况

国内信用证远期付款期限，应与货物周转期限相匹配，银行应对客户货物周转期限、合同约定结算期限、信用证标明的付款期限以及申请的融资期限等进行分析，警惕利用远期信用证结算与融资，套取银行资金后挪作他用的情况发生。

### （六）了解内部责任情况

银行办理国内信用证业务时，应由不同部门承担信用风险和操作风险等责任，通常业务营销部门负责了解客户及其交易对手、贸易背景、授信额度核定建议等情况，对客户信用风险调查负责；授信审批部门负责对授信额度核定负责；业务办理部门负责审核客户提交的申请书、单据以及信用证业务的具体操作，对信用证业务技术性、操作性、合规性风险负责。无论是业务营销部门、业务操作部门或授信审批部门，根据银行授权管理规定，均应实行双人或多人负责制。

# 第三节
# 国内信用证结算与融资产品特征和风控指引

对于国内信用证结算与融资产品特征和风控指引，无论是各参与银行，还是基础商务合同买卖双方，均应熟练掌握，并根据不同产品具有的风险特征，采取相应的风控措施。

## 一、授信开证业务

### （一）产品描述

授信开证业务，是指银行在未向开证申请人（买方）收取全额保证金的情况下，在为其核定的授信额度内向卖方开立国内信用证的业务。

### （二）产品特性

1. 开证银行对信用证受益人（卖方）承担第一性付款责任。

2. 开证银行对受益人的付款条件为"单证相符、单单一致"，且独立于买卖双方签署的商务合同执行情况。

3. 银行办理国内信用证开立业务，可用于货物贸易和服务贸易买卖交易。

### （三）主要风险点

1. 买方信用风险和经营风险，表现为由买方自身经营、市场变化或其他原因导致其财务状况恶化，无力或拒绝履行付款责任。

2. 卖方信用风险，表现为交易商品在品质或规格数量方面存在问题，影响买方履行付款义务。

3. 内部操作风险，主要指银行人员在合规性材料审核及信用证文本缮制、单据审核、保管与递交等方面可能存在的合规性、操作性与技术性风险。

## （四）审查要点

1. 买方资信状况，主要审核买方偿债能力和以往信用记录。

2. 卖方履约能力，主要了解卖方是否具备相应生产能力，是否因商品质量问题与贸易对手发生过纠纷等。

3. 经营商品是否适销对路、市场价格是否波动剧烈等。

4. 严格检查规定的单证是否齐全，单证、单单是否相符，贸易背景是否真实、有效。

5. 合规性和技术性审核，主要审核与交易相关的材料如单据是否齐备、完整，信用证有关条款要求是否符合监管机构制定的《国内信用证结算办法》，有助于保障银行和买方的权益。

## （五）控制措施

1. 开立信用证前，必须严格执行相应的授信审批程序，落实开证申请人足额付款保证，付款保证须按溢装上限掌握。

2. 加强对买方（开证申请人）的资信了解，根据交易商品性质、买方信用记录和支付能力等合理确定保证金比例。

3. 严格控制关联交易，若买卖双方有控股关系或同为一家集团公司的成员，应严格审查交易背景的真实性，避免交易双方利用虚假贸易通过信用证套取银行资金，形成潜在风险。

4. 加强信用证后期管理，跟踪了解买方的经营状况、付款能力，严格审核信用证修改，对于信用证的延期、增额及其他可能增加开证银行责任的条款进行修改时，应按开立信用证时的标准落实相应的授信条件，办理相关手续。

5. 合理利用相关规则规避风险。如提交的单据存在不符点，开证银行应在合理时间内对外拒付，以解除第一性付款责任。

# 二、代开业务

## （一）产品描述

国内信用证代开业务，是指银行作为代开行，根据与委托行签署的代开证协议，基于委托行客户（基础交易买方）采用国内信用证进行贸易结算的需求，按委托行要求，向基础交易卖方（受益人）开立国内信用证的业务。

该业务项下，开证银行承担根据委托行指示的内容开立国内信用证的义务，享有向委托行收取有关费用的权利。开证银行独立审查信用证项下单据，自行决定单证是否相符。开证银行享有凭合格单据请求委托行偿付有关款项的权利，委托行向开证银行承担付款义务。

## （二）产品特性

1. 代开国内信用证主要应用于受益人不接受委托行直开国内信用证的情形。通过该业务，委托行可实现对自己信用的替代。

2. 代开银行作为国内信用证开证行，承担信用证项下第一性付款责任。在单证相符情况下必须履行承兑/付款责任，不得因买方或委托行违约而拒付。

3. 代开银行作为信用证开证行按照《国内信用证结算办法》直接处理相关业务。

## （三）主要风险点

1. 交易风险。虚假贸易背景或基础交易纠纷导致委托行、代开行遭受欺诈或拒付。

2. 信用风险。委托行自身的经营、管理、财务、声誉状况恶化，无力或拒绝支付信用证款项；或买方客户因恶意逃债、财务恶化、经营失败、行业不景气，无力偿付货款，从而影响委托行的付款意愿。

3. 单据风险。代开行对委托行的债权以提交合格单据为前提，如代开行在审单过程中未能发现不符点，委托行可以此为由向代开行拒付或要求返还已付款项。

### （四）审查要点

1. 代开前应与委托行签署代开信用证协议，约定双方义务和权利。

2. 委托行委托时，应按照代开协议的约定，向代开行发送委托申请，代开行应审核有关委托申请是否完整、准确、清晰。

3. 委托行应明示对开证申请人（买方）的资信状况、信用证的合法性、合规性以及贸易背景真实性等承担审核责任。

### （五）控制措施

1. 代开信用证占用代开行对委托行的授信额度，应按代开行内部有关规定发起、查询、申领、使用、释放授信额度，优先办理缴存全额保证金等风险缓释措施强的业务。

2. 代开行应主动了解并要求委托行披露代开的信用证相关信息，不办理基础交易买卖双方有欺诈或有违约记录、行业产能严重过剩或商品价格变动幅度较大的业务。

3. 代开行加强后期管理，关注委托行资信状况的变化，出现违反约定、财务恶化、涉入不利的诉讼或仲裁案件、重大负面市场消息等情形的，应及时跟踪评估。

4. 按照《国内信用证结算办法》的规定，严格、审慎、独立、全面地审查信用证项下单据，并及时将全套单据副本和审单结果通知委托行。对相符交单，应及时提示委托行付款或承付。发现不符点的，可直接拒付，也可就是否接受不符点征询委托行的意见，按其指示办理。代开行还可与委托行约定由其负责审单，根据委托行的审单结果和有关指示进行处理，从而转移单据风险。此外，代开行对不符点有最终认定权。

5. 代开行开证后发现有欺诈可能的，应及时通知委托行并按其指示办理，使代开行处于善意免责的地位，必要时还可商委托行申请止付令，并据此暂时拒付，待生效裁判作出后再进行处理。

6. 代开信用证项下发生垫款的，代开行应立即向委托行发出催收通知（含计收罚息）。

# 三、保兑业务

## （一）产品描述

国内信用证保兑业务，是指银行作为保兑行，根据开证行授权，承担在开证行以外依据合格单据向受益人付款义务的业务。

该业务项下，信用证受益人（卖方）选择向保兑行交单的，保兑行独立审单并自行决定单证是否相符，在单据合格的情形下向受益人承付，享有请求开证行偿付的权利，开证行承担向保兑行付款义务。保兑行还享有请求开证行支付保兑费用的权利，该费用可由保兑行直接从向受益人支付的信用证款项中扣除，或另行向开证行收取。

## （二）产品特性

1. 国内信用证保兑业务是保兑行对开证行的一种增信，通过该业务，信用证受益人（卖方）增加了一个信用证项下交单求偿的选择。

2. 一旦保兑行对信用证加具保兑，即承担了信用证项下第一性付款责任，在单证相符情况下保兑行必须履行付款责任，不得因买方或开证行违约而拒付。

3. 通常情况下银行保兑业务，需得到开证行的明确授权。

## （三）主要风险点

1. 交易风险。虚假贸易背景或基础交易纠纷导致开证行、保兑行遭受欺诈或拒付。

2. 信用风险。开证行因自身的经营、管理、财务、声誉状况恶化，无力或拒绝支付信用证款项；或因买方恶意逃债、财务恶化、经营失败、行业不景气，无力偿付货款，从而影响开证行的付款意愿。

3. 单据风险。保兑行对开证行的债权以提交合格单据为前提，如保兑行在审单过程中未能发现不符点，开证行可以此为由向保兑行拒付或要求返还已付款项。

### （四）审查要点

1. 保兑行应严格审查信用证，确保信用证内容完整清晰、无软条款或对银行不利的条款、不违反法律法规。信用证应明确约定单据提交期限、请求偿付的对象、保兑费用承担方等。不接受保兑的，则应及时拒绝办理。

2. 对于非保兑信用证项下受益人向银行提出保兑申请的，银行应及时向开证行发送请求授权加具保兑的函电，开证行拒绝或未回复的，银行一般不加具保兑。

3. 应对信用证的合法性、合规性以及贸易背景真实性等进行审核，相关内容应表面一致、内在逻辑合理、无违法违规的情形。

4. 信用证受益人（卖方）向保兑行提交单据，应按照相关单据审核标准严格、审慎、独立、全面地审查信用证项下单据。未发现不符点的，可凭单向受益人付款，并向开证行寄单索款；发现不符点的，可直接拒付并向受益人提示不符点，也可就是否接受不符点征询开证行的意见，按其指示办理。银行也可与开证行约定由其负责审单，根据开证行的审单结果和有关指示进行处理，从而转移审单风险。若单据不经银行提交，银行不承担保兑付款责任。

### （五）控制措施

1. 信用证保兑占用保兑行对开证行的授信额度。应按银行内部有关规定发起、查询、申领、使用、释放授信额度。

2. 保兑行应评估基础交易风险，主动了解并要求开证行披露相关信息，不办理基础交易买卖双方有欺诈或违约记录、行业产能严重过剩或商品价格变动幅度较大的信用证保兑业务。

4. 保兑行应加强保兑后期管理，关注开证行资信状况的变化，出现经营管理不善、财务恶化、涉入不利的诉讼或仲裁案件、重大负面市场消息等情形的，应及时跟踪了解有关情况。

5. 保兑行办理信用证保兑后发现有欺诈可能的，应及时通知开证行并按其指示办理，使保兑行处于善意免责的地位，必要时还可商开证行申请止付令，并据此暂时拒付，待生效裁判作出后再进行处理。

6. 保兑信用证项下发生垫款的，保兑行应立即向开证行发出催收通知（含计收罚息）。

# 四、买方押汇业务

## （一）产品描述

买方押汇业务，是指开证行应开证申请人要求，凭信用证项下卖方提交的单据，代买方先行垫付信用证应对外支付款项的短期资金融通。

开证行办理买方押汇业务时，通常要求开证申请人提交信托收据。信托收据是指由开证申请人出具的书面文件，表明银行对该信用证项下有关单据及其所代表的货物享有所有权，开证申请人在还清银行买方押汇款项之前仅作为银行的受托人持有该信用证项下单据及其所代表的货物，并承诺以处理货物所得或其他款项偿还银行买方押汇本息及相关费用。

## （二）产品特性

贸易背景清晰，对办理大宗商品或资本性货物买方押汇业务时，可通过实施对货物及货物销售回笼资金进行监管等措施控制风险。

### （三）主要风险点

1. 贸易商品市场风险，表现为贸易商品市场价格可能的下降，降低买方还款意愿和还款能力。

2. 买方信用风险和经营风险，表现为由买方自身经营、市场变化或其他原因导致其财务状况恶化，不愿或无力履行还款责任。

3. 卖方信用风险，表现为贸易商品在品质或规格数量方面可能与合同规定不符，甚至出现卖方涉嫌欺诈等严重问题，影响买方的还款意愿。

### （四）审查要点

1. 买方资信状况。主要审核买方偿债能力和以往信用记录。如所购商品直接用于销售，还应调查商品市场行情情况。

2. 了解贸易货物是否在品质或规格数量方面符合合同规定。

3. 如拟通过货权控制及销售回笼款监控等手段降低风险，应审查相关方案是否具有可操作性，对银行保障程度如何等。

### （五）控制措施

1. 对买方生产经营实施跟踪监控，如发生影响其偿债能力的重大事项，应及时采取措施降低风险。

2. 对大宗商品或资本性货物贸易项下的买方押汇，应按照事先确定的货权控制及销售回笼款监控方案实施跟踪管理，避免买方挪用回笼款项。

3. 申请办理买方押汇时，应由开证申请人申请，且资信较好。如买方属生产型企业，应考察其生产经营是否正常；如申请人属商贸企业，应考察其商品销售能力。同时注意买方在过去是否与贸易伙伴发生过纠纷及所购买商品的市场供求情况、变现难易程度、融资期限与贸易周期是否匹配等情况，在银行有无不良记录。同时，买方押汇业务须纳入对客户的统一授信及相应担保管理。

4. 买方押汇款项只能用来直接对外支付，贸易项下的回笼货款是银行买方押汇的第一还款来源。

5. 对非全套物权单据和非物权单据的买方押汇业务，须在有效控制风险的前提下谨慎办理，并通过实地查看或要求买方提交相关保证等手段防范风险。

6. 确保贸易背景真实性和业务合规性。

7. 在经银行审核单据存在不符点的情形下，只有开证申请人以书面形式明确接受单据不符点并得到银行认可后，方可办理。

8. 买方押汇期限自信用证对外付款之日起据实核定，应与货物销售回笼款的周期相匹配，最长不得超过一年。

9. 严格控制关联交易，若买卖双方有控股关系或同为一家集团公司的成员，应严格审查交易背景的真实性，避免交易双方利用无贸易背景信用证进行融资，形成潜在风险。

# 五、打包贷款业务

## （一）产品描述

打包贷款业务，是指银行凭借买方银行开立的国内信用证，为信用证受益人（卖方）在货物出运前对出运商品的采购、生产和装运等经营活动发放的融资。

打包贷款还款来源为信用证项下收款，如卖方交单时为其办理了卖方押汇或福费廷，应首先归还打包贷款的融资款项。

## （二）产品特性

1. 打包贷款是一种发运前短期融资，便于卖方在自有资金短缺的情况下仍然可以把握贸易机会。

2. 存在卖方履约风险。只有在卖方履约并提交信用证规定的单据后，还款来源才由开证行提供付款保障。

3. 属专项贷款，性质类似于流动资金贷款，银行对卖方有追索权，应封闭管理。

### （三）主要风险点

1. 卖方履约风险，主要表现为无相关商品生产或货源组织能力、挪用打包贷款资金、因自身经营管理不善或相关政策变化导致卖方丧失履约能力、发运商品存在与贸易合同严重不符等。

2. 开证行信用风险，主要表现为开证行无理拒付、因自身经营管理不善或外部原因引发财务危机造成支付困难等。

3. 业务操作风险，主要指银行业务人员在信用证真实性和条款审查及对信用证项下单据进行审核时可能出现的技术性风险。

### （四）审查要点

1. 卖方资信较好，在银行无不良记录；卖方无交货履约不良历史记录；如卖方属生产企业，应考察其是否具备相关商品生产能力；如卖方属商贸企业，应考察其是否具备货源组织能力；等等。

2. 打包贷款业务涉及的信用证开证行资信较好、信用证未限定他行议付/承付、索款路径清晰。

3. 审核信用证装期、效期规定是否合理、是否含有软条款及其他可能影响安全收款的规定等。

### （五）控制措施

1. 根据卖方的交易流程、实际资金需求等情况确定打包贷款融资比例。一般打包贷款金额不能超过信用证金额的80%。

2. 打包贷款资金只能用于该信用证项下出运商品的采购、生产或流转的资金需要，且用途合理、合法，支付背景真实。

3. 打包贷款的申请人为信用证受益人。

4. 打包贷款期限应与货物或服务交易流程合理匹配。

5. 如卖方属商贸企业，应对融资款项资金流向进行监控；如卖方属生产型企业，应对其生产经营进行监督，以免出现资金挪用或因经营管理不善导致不能按期发货、交单。

6. 根据《国内信用证结算办法》及相关审单标准从严审核单据，并实行双人复核制，确保单证相符、单单一致。

# 六、议付业务

## （一）产品描述

国内信用证议付业务，是指银行作为议付行在单证相符或经开证行/保兑行已确认到期付款的情况下，扣除融资利息后向信用证受益人给付对价的行为。

## （二）产品特性

信用证议付主要适用于受益人希望提早收取信用证交单项下款项的情形。通过议付，受益人可在交单后即贴现应收款。

信用证议付的还款来源为信用证项下开证行付款，开证行承担第一性付款责任，且独立于基础交易合同。

信用证议付分为限制议付或自由议付、有追索权议付或无追索权议付。

## （三）主要风险点

1. 交易风险。虚假贸易背景或基础交易纠纷导致开证行拒付、议付行遭受欺诈。

2. 信用风险。开证行因自身的经营、管理、财务、声誉状况恶化，无力或拒绝支付信用证款项；或因买方客户恶意逃债、财务恶化、经营失败、行业不景气，无力偿付货款，从而影响开证行的付款意愿。

3. 单据风险。开证行依据相符单据承担付款义务，如其发现不符点，可向议付行拒付。

### （四）审查要点

1. 开证行指定银行议付时，被指定银行应严格审查信用证，确保信用证内容完整清晰、无软条款或对指定银行不利的条款、不违反法律法规。信用证应明确约定单据提交到指定银行的期限、议付费用承担方等。

2. 开证行未指定银行议付，也未表明自由议付，当受益人向银行提出议付申请时，银行应及时向开证行发送请求授权议付的函电（说明有关条件），开证行拒绝或没有回复的，拒绝办理议付。

3. 结合信用证，议付行对受益人提交的单据、商务合同等贸易背景材料进行审查，确保相关内容表面一致、内在逻辑合理、无违法违规的情形。

### （五）控制措施

1. 银行办理议付，属于有追索权融资时，需占用对受益人的授信额度；属于无追索权融资时，需占用对开证行的授信额度。同时按规定发起、查询、申领、使用、释放相关授信额度。

2. 议付行应评估信用证项下基础交易风险，主动了解并要求开证行披露相关信息，对于偿付没有保障、交易双方有欺诈或违约记录、行业产能严重过剩或商品价格波动幅度较大的信用证应谨慎办理议付业务。

3. 加强后期管理，关注开证行、受益人资信状况变化，出现经营管理不善、财务恶化、涉入不利的诉讼或仲裁案件、重大负面市场消息等情形的，应及时跟踪了解有关情况。

4. 议付行应及时向开证行催收信用证项下款项，到期后未能及时收妥相关款项的，应做好催收工作。

## 七、卖方押汇业务

### （一）产品描述

卖方押汇业务，是指国内信用证受益人（卖方）发运货物或提供服务并提交信用证要求的单据后，银行凭所交单据向卖方提供的短期资金融通。

## （二）产品特性

1. 与打包贷款相比，属货物出运后交单时融资，卖方履约风险较小。

2. 属单据交易，开证行付款承诺独立于基础商务合同。

3. 银行对卖方的融资有追索权。一旦未如期收款，银行可向卖方行使追索权。

## （三）主要风险点

1. 开证行信用风险，主要表现为开证行无理拒付、因自身经营管理不善或外部原因引发财务危机造成支付困难等。

2. 买方信用风险，主要表现为买方在无争议的情况下无力或拒绝付款。

3. 技术性风险，主要指银行业务人员对信用证项下单据进行审核时可能出现的技术性风险。

4. 卖方履约风险，主要表现为因交易商品存在较为严重的质量或数量问题，导致买卖双方发生贸易纠纷甚至演变为法律诉讼，从而增加开证行拒付的风险。

## （四）审查要点

1. 卖方履约能力。如卖方属生产企业，应考察其是否具备相关商品生产能力；如卖方属商贸企业，应考察其是否具备货源组织能力；在以往同类商品销售时，应考察是否因商品质量或数量问题与买方发生过纠纷等。

2. 开证行的资信状况。了解开证行组织架构、资产规模、财务状况、权威机构评级、本国及世界排名等，以确定其是否具备偿付能力；考察开证行的经营作风和以往付款记录，如开证行经营作风恶劣，或因内部管理不善、财务状况已明显恶化，应不予办理卖方押汇。

3. 信用证条款及项下单据审查，主要审核信用证是否含有软条款及其他可能影响安全收款的规定，单据表面是否严格单证相符、单单一致等。

### （五）控制措施

1. 办理信用证项下卖方押汇，应严格审核信用证条款，对于信用证存在限定他行议付的条款、影响银行控制或处置货权的条款、卖方本身不能控制的附加条款、其他软条款等，原则上不予办理。根据《国内信用证结算办法》及相关审单标准从严审核单据，并实行双人复核制，确保单证相符、单单一致。

2. 申请办理卖方押汇时，卖方应资信较好。同时注意卖方在以往同类商品出运时，是否因商品质量或数量问题与买方发生过纠纷等，在银行有无不良记录。同时，须确保卖方已在银行领用相关授信及落实担保措施。

3. 在对信用证项下单据经审查存在不符点的情况时，只有在开证行以书面形式明确表示同意接受不符点，方可办理。

4. 开证行或保兑行实力雄厚、信誉良好。信用证未限定由他行议付、索款路径清晰合理。

5. 卖方押汇最高金额不得超过信用证交单应收款项的80%。

6. 卖方押汇期限从放款之日起至信用证项下款项收妥日止，进行合理匡算。

7. 卖方押汇是银行对卖方保留追索权的融资，不论何种原因，在无法从开证行收款时，卖方应及时筹集资金归还融资款。

8. 确保贸易背景真实和业务合规。

# 八、福费廷业务

## （一）产品描述

福费廷业务，指银行无追索权地买入因货物或服务贸易产生的、由国内信用证开证行承担第一性付款责任的未到期债权（或称应收账款）。该债权已由开证行承兑/承付。

在下列情况下银行对所办理的福费廷业务保留追索权：一是因法院止付令、禁付令、冻结令或其他具有相同或类似功能的司法命令导致银行未能获得偿付；二是债权出让方欺诈，出售给银行的债权不是源于正当交易的应收账款；三是债权出让方严重违约，未履行与银行签署的福费廷业务合同及其他相关协议中约定的义务或违反其声明与承诺。

银行办理国内信用证福费廷业务，既可将买断的经开证行承付应收账款保留至到期日，也可根据自身的资金头寸、开证银行资信状况及自身承担的风险敞口情况等，在买断应收账款的同时或在持有一段时间后，将未到期的应收账款转卖给其他金融机构，或通过风险参与形式将有关风险出让给其他金融机构。

## （二）产品特性

1. 属货物出运、交单后的融资，经开证行确认承担第一性到期付款责任，收款较有保障。

2. 作为善意持票人或债权受让人，福费廷业务包买行可向开证行直接索偿。

3. 属开证行承付后融资，内部操作和技术性风险较小，对卖方无追索权。

## （三）主要风险点

1. 开证行信用风险，主要表现为开证行到期无理拒付、因自身经营管理不善或外部原因引发财务危机造成支付困难等。

2. 技术性风险，主要指银行业务人员对信用证项下单据进行审核时可能出现的技术性风险。

3. 卖方履约风险，主要表现为因出运商品存在较为严重的质量或数量问题，导致买卖双方发生贸易纠纷甚至演变为法律诉讼，从而增加开证行被法院止付的风险。

### （四）审查要点

1. 卖方履约能力。如卖方属生产企业，应考察其是否具备相关商品生产能力；如卖方属商贸企业，应考察其是否具备货源组织能力；在以往同类商品交易时，应考察是否因商品质量或数量问题与贸易伙伴发生过纠纷等。

2. 开证行的资信状况。通过有关信息系统、银行年报或其他资料了解开证行组织架构、资产规模、财务状况、权威机构评级、本国及世界排名等，确定其是否具备偿付能力。考察开证行经营作风和以往付款记录。同时，审核对开证行的授信管理程序是否完善、授信额度是否充足。

3. 信用证条款及项下单据审查，主要审核信用证是否含有软条款及其他可能影响安全收款的规定、单据表面是否严格单证相符、单单一致等。

4. 对福费廷项下的贸易背景真实性和合规性进行审查。

### （五）控制措施

1. 办理福费廷业务须按照银行同业授信管理相关规定，在核定的开证行授信额度内办理。

2. 审查卖方资格。卖方资信良好，同时注意卖方在以往同类商品出运时，是否因商品质量或数量问题与贸易伙伴发生过纠纷等。通常核查卖方与买方就应收账款项下交易的商品或服务供货记录、履约情况、收款回款情况等。

3. 审查开证行资格。依据银行有关授信授权管理制度、银行同业授信管理制度等规定审核开证行资质，确保符合银行要求。

4. 根据《国内信用证结算办法》及相关审单标准从严审核单据，并实行双人复核制，确保单证相符、单单一致。

5. 福费廷业务融资期限与信用证付款期限一致，从融资款项发放之日起至应收账款项下款项到期之日止，最长不超过一年。

6. 福费廷业务融资金额最高不超过信用证交单项下应收账款金额。审核应收账款项下贸易背景的表面真实性；审核基础交易合同的交货、付款条件等是否符合银行规定；出运商品交货时间、应收账款账期等是否与融资期限相匹配。

7. 承兑/承付到期日之前及时向开证行索款。

8. 当银行遇有对卖方保留追索权的特例情况，即如因法院止付令而使银行未能按期收到付款或有证据表明客户出售给银行的不是源于正当交易的应收账款，应及时向客户行使追索权。

# 九、福费廷包买他行业务

## （一）产品描述

福费廷包买他行业务，是指银行作为福费廷二级市场包买商买入其他包买商（境内银行同业）转让卖出的并由国内信用证开证银行承担到期付款风险的融资业务。该转卖事实根据需要决定是否告知开证行。

## （二）产品特性

1. 福费廷包买他行业务，作为福费廷二级市场交易业务，可以有效利用福费廷二级市场交易优势和客户基础，扩展银行服务范围，调节信贷规模和资金头寸使用效率，增加银行收益。

2. 福费廷包买他行业务，记入相应表内贷款科目。

## （三）主要风险点

1. 信用风险，主要表现为国内信用证开证行无理拒付、因自身经营管理不善或外部原因引发财务危机造成支付困难等。

2. 技术性风险，主要指银行业务人员在信用证或相关凭证的真实性和条款审查及对信用证项下单据进行审核时可能出现的技术性风险。

3. 卖方履约风险，主要表现为因出运商品存在较为严重的质量或数量问题，导致买卖双方发生贸易纠纷甚至演变为法律诉讼，从而增加开证行被法院止付或拒付的风险。

### （四）审查要点

1. 开证行的资信状况。通过有关信息系统、银行年报或其他资料了解开证行组织架构、资产规模、财务状况、权威机构评级、本国及世界排名等，确定其是否具备偿付能力，并了解开证行经营作风和以往付款记录。同时审核对开证行的授信管理程序是否完善、授信额度是否充足。

2. 该业务项下的贸易背景真实性和合规性。

### （五）控制措施

1. 办理该业务须按照银行同业授信管理相关规定执行。

2. 审查开证行资格。依据银行有关授信授权管理制度、银行同业授信管理制度等相关规定审核其资质，确保符合银行要求。

3. 承兑/承付到期日之前应及时向开证行索偿。

## 十、福费廷风险参与业务

### （一）产品描述

福费廷风险参与业务，是指银行作为福费廷业务风险参与行，根据与同业签署的福费廷风险参与主协议，受让风险出让行所持有的福费廷业务项下全部或部分未到期债权和相应风险，风险受让行与风险出让行按约定的比例和条件分担福费廷业务风险、分享收益的业务。

按照惯例，通常情况下办理福费廷风险参与业务时，仅发生风险和收益的转移，不转移福费廷项下应收账款债权，风险出让行出让权益后仍保有福费廷项下应收账款债权人的地位，且出让行一般不将风险出让事项通知给开证行。风险参与行的权益通过出让行实现，不能直接向开证行主张权利。当出现开证行违约事件时，如参与行要求，出让行可通知开证行并将债权转让给参与行。双方另有约定的除外。

福费廷风险参与业务包括出资性风险参与、非出资性风险参与两种形式。前者是指受让行按约定的风险承担比例向出让行支付风险参与款项，出让行在融资到期日收到开证行的还款后，向受让行支付风险参与款项本息。后者是指受让行按约定的风险承担比例向风险出让行出具风险承担函，如开证行违约，受让行向出让行支付风险参与份额的款项。

出资性福费廷风险参与项下，受让行承担按约定比例向出让行支付风险参与款项的义务，享有与出让行分享福费廷承诺费、手续费的权利，并在开证行到期付款后，享有通过出让行按时收回风险参与款项本息的权利，出让行以其收到的开证行还款按约定比例向受让行付款。非出资性福费廷风险参与项下，受让行享有与出让行分享承诺费、手续费的权利，如开证行到期未付款，则受让行按约定比例向出让行承担赔款义务。

## （二）产品特性

1. 福费廷风险参与可以帮助出让行分散开证行信用风险，减少对开证行授信额度的占用，出资性风险参与还可以释放头寸、控制贷款规模。

2. 出资性风险参与项下，受让行记入表内贷款科目；非出资性风险参与项下，受让行记入表外科目。

## （三）主要风险点

1. 交易风险。因由出让行负责国内信用证项下单证审查、款项收付、沟通联络等事宜，故受让行难以掌控物流、资金流、信息流等影响基础交易自偿性的关键要素。如果存在欺诈行为，或发生纠纷，而出让行失察，则可能导致受让行权益遭受损失。

2. 信用风险。风险参与业务包括开证行、出让行两个信用风险点。一是开证行自身经营不善或恶意拒付，导致受让行无法收回出资性风险参与款项，或履行非出资性风险参与项下的赔款义务；二是出让行收到开证行付款后，拒绝或迟延向受让行支付出资性风险参与款项，或在非出资性风险参与项下向受让行恶意索赔。

3. 行业风险。由于行业周期、技术革新、政策变化等因素，导致基础交易买方经营失败，无力或拒绝付款，从而影响开证行还款意愿。

4. 法律风险。风险参与协议约定的权利义务关系比较复杂，目前国内还没有明确的法律法规、司法判例和协议文本，业界通用的金融与贸易银行家协会（BAFT）版本的风险参与主协议是在英国法框架下制订的，银行同业签署的协议也往往选择适用英国法，这无疑增加了合同审查和维权的难度。如果相关的合规、法务工作不严谨、不到位，可能导致银行权益落空或承担不合理的义务，而又无法得到有效的司法救济。

## （四）审查要点

1. 银行对外签署福费廷风险参与主协议应使用统一的协议文本，并经法律事务人员审查。

2. 受让银行应根据基础交易情况要求出让行提供相关文件和材料，包括出让行的债权证明文件（如出让行对客户的福费廷业务合同及放款凭证等）、开证行付款承诺、贸易背景材料等，并加强审查，发现内容前后矛盾、不合理、违反规定等疑点的，应要求出让行给出明确的解释和证明，必要时还应通过其他渠道了解情况加以佐证。如仍无法排除合理怀疑，应不予办理。

3. 双方应在福费廷风险参与主协议中明确，由出让行承担信用证项下单据不合格、欺诈等风险。出让行处理涉及受让行利益的重要事项时，须征得受让行同意。出让行存在过错的，应承担相应的责任。

## （五）控制措施

1. 受让行应谨慎办理福费廷风险承担业务，对风险出让行应开证资信调查。

2. 受让行办理出资性福费廷风险参与业务，应严格控制风险参与比例，一般最高不得超过70%。

3. 福费廷风险参与主协议为基础性原则性约定，办理具体业务时，受让行和出让行双方可以进一步约定交易细节。按照BAFT版本的风险参与主协议中有关"如果要约和承诺与本主协议存在不一致，以要约和承诺为准"的规定，受让行可根据交易的具体情况，对有关条款在要约与承诺中体现，例如变"不通知开证行的隐蔽性风险参与"为"通知开证行的公开型风险参与"等。

4. 出资性福费廷风险参与同时占用受让行对开证行、出让行的授信额度，非出资性风险参与占用受让行对开证行的授信额度。受让行应按有关规定发起、查询、申领、使用、释放相关授信额度。

5. 受让行谨慎办理基础交易所在行业产能严重过剩或商品价格变动幅度较大的福费廷风险参与业务。

6. 受让行应加强后期管理，及时主动了解并要求出让行披露开证行以及贸易背景相关信息，当出现开证行财务恶化、涉入不利的诉讼或仲裁案件、重大负面市场消息等情况时，应加强跟踪评估。

7. 出资性福费廷风险参与项下，福费廷业务到期未能及时、足额收到风险参与款项本息及费用的，受让行应立即向出让行发出催收通知；开证行已付款而出让行迟延转付的，应要求出让行立即付款并承担受让行的利息损失；开证行未履行到期付款义务的，应要求出让行尽快向开证行催收，必要时要求出让行通知开证行，由受让行直接向其主张权利。

8. 非出资性福费廷风险参与项下，如出让行向受让行索赔，应审查其提交的索赔文件，不符合风险参与协议约定的，应拒绝赔付。出让行与开证行就国内信用证付款存在争议的，在生效裁判认定归责于开证行之前，也应拒绝赔付，如确系开证行违约且索赔文件合格，应履行赔款义务并向开证行追偿。

# 十一、应收账款债权资管计划业务

## （一）产品描述

国内信用证应收账款债权资管计划业务，是指银行作为代理人（代理信用证受益人）或委托人（自身持有信用证应收账款债权），无追索地将经国内信用证开证行确认到期付款的应收账款债权转让给券商或基金公司作为计划管理人设立的资产支持专项计划，向合格投资者发售募资用于支付应收账款债权（基础资产）转让价款的业务。

## （二）产品特性

1. 属货物出运、交单后的融资，由开证行承担第一性到期付款责任，收款较有保障。

2. 作为代理人（代理信用证受益人）或委托人（自身持有信用证应收账款债权），转让出应收账款债权，无须承担开证行信用风险，赚取中间业务收入。

3. 属开证行承付后融资，内部操作和技术性风险较小，但对银行居间业务组织管理能力要求较高。

## （三）主要风险点

1. 合规性风险，主要表现为应收账款债权资管计划业务作为资产证券化（ABS）业务的一种，需遵循相关监管规定。

2. 技术性风险，主要指银行业务人员对信用证项下单据进行审核、开证行付款确认等方面可能出现的技术性风险。

3. 操作性风险，主要表现为应收账款债权资管计划业务需协调开证行、会计师事务所、律所、评级机构、券商等对业务进行协同操作可能出现的衔接风险。

### (四) 审查要点

1. 卖方履约能力。如卖方属生产企业，应考察其是否具备相关商品生产能力；如卖方属商贸企业，应考察其是否具备货源组织能力；在以往同类商品交易时，应考察是否因商品质量或数量问题与贸易伙伴发生过纠纷；等等。

2. 开证行的资信状况。通过有关信息系统、银行年报或其他资料了解开证行组织架构、资产规模、财务状况、权威机构评级、本国及世界排名等，确定其是否具备偿付能力。开证行经营作风和以往付款记录。

3. 业务相关贸易背景真实性和合规性。

4. 业务合作方会计师事务所、律师事务所、评级机构、券商等资信情况、业务能力及业务处理效率等。

### (五) 控制措施

1. 审查卖方资格。卖方资信良好，同时注意卖方在以往同类商品出运时，是否因商品质量或数量问题与贸易伙伴发生过纠纷等。通常核查卖方与买方就应收账款项下交易的商品或服务供货记录、履约情况、收款回款情况等。

2. 审查开证行资格。审查开证行具备偿付能力以及经营作风和以往付款记录如何。

3. 审查业务合作方会计师事务所、律师事务所、评级机构、券商等资格。确保其具有业务能力并能高效处理业务。

4. 审查应收账款债权相关的贸易背景的表面真实性。相关内容应表面一致、内在逻辑合理、无违法违规的情形。

5. 承兑/承付到期日之前及时向开证行催付款。

6. 当银行遇到其作为委托方需回购应收账款债权的特例情况时，应及时回购并向信用证受益人行使追索权。

# 十二、信用保险业务

## （一）产品描述

国内信用证信用保险业务，是指信用证受益人、福费廷包买行等投保国内信用证信用保险后，在保险期间内，因开证行下列风险引起的信用证项下款项损失，由保险公司按保险合同约定承担赔偿责任的保险业务。

1. 开证行破产，指开证行破产、停业或者被接管。

2. 开证行拖欠，指在单证相符、单单相符的情况下，开证行超过最终付款日仍未支付信用证项下款项。

3. 开证行无理拒付或拒绝发出到期付款确认书，指在单证相符、单单相符的情况下，开证行无任何理由地在规定时间内拒绝对即期信用证付款，或拒绝对远期信用证发出到期付款确认书。

## （二）产品特性

1. 国内信用证信用保险业务是采用信用保险的方式对开证行的一种增信，防范开证行不履行第一性付款责任风险。

2. 一旦信用证投保了信用保险，在单证相符情况下如开证行不履行付款责任，则由承保的保险公司负责赔付。

3. 相比信用证保兑业务需得到开证行的明确授权而言，国内信用证信用保险业务无须开证行授权。

## （三）主要风险点

1. 交易风险。虚假贸易背景或基础交易纠纷导致开证行、遭受欺诈或拒付，通常虚假贸易背景情况属于信用保险免赔范畴。

2. 信用风险。开证行因自身的经营、管理、财务、声誉状况恶化，无力或拒绝支付信用证款项；或因买方恶意逃债、财务恶化、经营失败、行业不景气，无力偿付货款，从而影响开证行的付款意愿。

## （四）审查要点

1. 严格审查信用证，确保信用证内容完整清晰、无软条款或对交单行不利的条款、不违反法律法规。

2. 应对信用证的合法性、合规性以及贸易背景真实性等进行审核，相关内容应表面一致、内在逻辑合理、无违法违规的情形。

## （五）控制措施

1. 信用保险占用保险公司对开证行的授信额度。应按保险公司内部有关规定发起、查询、申领、使用、释放授信额度。

2. 承保的保险公司应评估基础交易风险，主动了解并要求开证行披露相关信息，不办理基础交易买卖双方有欺诈或违约记录、行业产能严重过剩或商品价格变动幅度较大的信用证信用保险业务。

3. 保险公司应加强保后管理，关注开证行资信状况的变化，出现经营管理不善、财务恶化、涉入不利的诉讼或仲裁案件、重大负面市场消息等情形的，应及时跟踪了解有关情况。

4. 保险公司办理信用证信用保险后发现有欺诈可能的，应及时通知投保人并按其指示办理。

5. 信用保险项下发生保险公司赔付垫款的，保险公司应立即向开证行发出催收通知（含计收罚息）。

# 第四章

## 电子化运营

本章主要介绍国内信用证及福费廷等融资的电子化运营，包括建立电子化运营体系以及国内信用证相关当事企业、当事商业银行、当事保险公司及央行电证系统等电子化运营具体内容。

# 第一节
# 国内信用证电子化运营体系

2019 年 12 月 9 日，中国人民银行清算总中心依托全国银行间大额支付网络上线了电子信用证信息交换系统（以下简称电证系统），标志着国内信用证进入电子化运营新时代。

当前信息技术发展的日新月异，极大地推动了企业、银行商业模式及央行服务方式向数字化转型，并正在加速改变传统商业中的业务架构、管理模式和商业逻辑，进而对组织形态、产业生态、竞争与合作模式等产生影响，这需要构建适应信息化时代发展需要的国内信用证电子化运营体系。

## 一、信息化时代为国内信用证服务实体经济提供新机遇

如果说 4G 改变生活，那么 5G 将改变社会，5G 的高网速将使实时交互成为现实，标志着万物互联时代的到来，这将影响并重构整个商业和金融体系。

首先，要充分坚信科学技术的进步一定会改变生产力，因为它改变劳动工具。信息化时代使传统国内贸易信用证结算从订合同、开证、通知，到交单、审单、承兑/付款以及福费廷融资及二级市场交易、应收账款资产证券化等实现全流程电子化操作，极大地提高了信息利用和资金交易效率。

其次，信息化时代带来的信息实时交互能力和万物互联能力，使信用证相关的货物流及仓储情况、服务交付情况等能实时集成到信用

证交易流程的相关节点，使金融机构关心的风险控制、贸易背景真实性等问题迎刃而解。

最后，信息化时代能最大限度地实现人、计算机、物的互联互通。在这种强大的连接中，信息将得以高速传递，社会资源将得到高效配置。买卖双方通过信用证结算，既可解决相互信任的问题，又可实现信用证项下应收账款融资，高效对接市场上资金供给方，降低融资成本。

# 二、信息化时代国内信用证电子化运营体系建设思路

## （一）平台化

信息化时代将极大地改变传统国内信用证运营思路，建设数字化、开放式平台是必然趋势，即实行业务全流程线上化、供给与需求对接实时化、关联方加入开源化的运营方式。对于国内信用证而言，可从建设基础业务处理、福费廷交易市场、资产证券化三个子平台入手，最终集成在一个共享的大开放平台上。

1. 基础业务处理平台。基础业务处理平台作为底层基础，主要用于全流程电子化处理银企、银银、银证间的信用证申请、开立、通知、交单、承兑、付款、融资与再融资等基本业务操作，同时连接工商、税务、征信等政府机构以及物流、仓储、保险等机构，实时核实当事人资信和贸易背景真实性，使国内信用证基础交易实现数字化、可视化。

2. 福费廷交易市场平台。福费廷是国内信用证最主要的融资方式，且融资具有无追索权、再融资灵活等特点，对提高企业资金周转、优化财务报表、降低融资成本等具有独特优势，国际商会（ICC）和国际福费廷协会（IFA）在 2012 年颁布了《福费廷统一规则》（URF800），规范了全球福费廷交易一级市场和二级市场。通过建设国内信用证福

费廷交易一级市场和二级市场，将福费廷业务办理和二级市场交易集成在一个平台上，并直接对接银行间市场和交易所市场，促进利率市场化、提高资金与资产对接效率。

3. 资产证券化平台。国内信用证项下应收账款债权资产证券化，具有贸易背景真实、未来还款具有确定性且有银行信用作保证，是资产证券化市场较优质的标准化标的资产。通过建设国内信用证项下应收账款债权资产证券化平台，将资产转让方、未来付款确认方（开证行）、券商、律师事务所、会计师事务所、评级机构等集成在一个平台上，实时处理，并直接对接交易所市场和银行间市场，将使过去资产证券化复杂的运作流程变得简单，提高企业直接融资便利性，让资金与资产高效对接。

## （二）垂直化

信息化时代在推动传统运营体系转型同时，也将催生各种新的商业模式，通过围绕国内信用证这一结算与融资工具进行垂直化深耕，必将创造出更多全新的跨机构、跨地域、跨市场、跨业态的商业模式，并相互赋能、互为促进。

一方面是服务垂直化。随着万物互联时代的到来，服务呈现垂直化、精细化、专业化特征，如信用证开证行、交单行、福费廷包买行、转让行、资产管理机构等各参与方，为企业提供的服务应具有清晰的业务边界与高度模块化。每个参与方按各自角色开展不同的垂直化服务，既分而治之、相互独立，又相互进行数据交互、互为利益共同体。各参与方通过网络实现互联互通，使整个国内信用证交易网络协同效应倍增，各参与方提供的垂直服务变得简单高效。

另一方面是渠道垂直化。通过对国内信用证交易全产业链进行整合，为整个行业及相关参与方打造专属垂直化服务渠道。通过整合信息流、资金流、货物流，严格审查服务提供方资质，制定统一操作规则与流程，规范各相关参与方系统接口，实现银行、保险、资管及银行间市场、交易所市场服务渠道垂直化。

### （三）移动化

由5G及更多创新带来的互联网提速，极大地优化了以智能手机为代表的移动端用户体验，高网速、快加载、毫秒级的流程交互等趋势，以及全天候应用，必将引致未来国内信用证用户彻底移动化。

用户移动化是一个系统工程，不仅要实现技术层面的物理融合，更重要的是要实现国内信用证处理、福费廷办理及二级市场交易、应收账款证券化业务处理等相关数据同各参与方、货物或服务信息数据等依托网络进行全面连接。

第一，全面移动化作为国内信用证未来的必然选择，各参与方需进行观念更新、业务流程调整及系统实现架构的调整。

第二，同目前支付宝、微信等实现全天候服务一样，未来国内信用证7×24小时服务将成为全面移动化的重要内容。

第三，面向信息化时代构建的国内信用证生态，不仅要在形式上实现移动化，更重要的是要在业务理念、服务内容等方面进行融合创新，促进运营体系、商业模式变革，不断改善用户体验。

## 三、信息化时代国内信用证电子化运营体系建设路径

### （一）充分发挥央行对金融基础设施建设的统领作用

金融基础设施作为经济发展和金融稳定运行的基础硬件和制度安排，是金融市场发展的核心支撑，金融基础设施的完善将为金融改革开放的推进提供动力。信息化时代的到来决定了要站在更高的角度对金融基础设施进行布局，故建设安全、高效、开放的国内信用证运营系统金融基础设施，必须充分发挥国家赋予中国人民银行承担金融基础设施建设重任的牵头统领作用，协调相关方一道共同实现互联互通，打造更有活力的金融生态，同时也将成为监管机构实施宏观审慎管理

和强化风险防控的重要抓手。

一是要统领实现为信用证提供服务的银行、保险、券商、资管、基金、信托等金融机构互联互通。

二是要统领实现信用证项下福费廷资产、应收账款证券化资产在银行间市场、交易所市场交易的互联互通。

三是要统领实现信用证相关的工商、税务、征信等政府机构信息互联。

四是要统领实现信用证相关的买卖双方、仓储物流企业的线上互联。

五是要统领建设信用证相关的统一规则、规范和服务体系，明确国内信用证治理框架、准入机制与运营规则，提高市场标准化程度和各项服务效率。

## （二）充分发挥区块链、云计算、人工智能等赋能作用

信息化时代加快了区块链、云计算、人工智能等对各种应用场景的赋能作用，必将给国内信用证运营带来新流程、新产品、新服务、新价值。但我们对其在国内信用证相关场景中的应用，必须持实事求是的谨慎态度，可以先选取个别场景进行试点探索，待商用环境成熟后再推广。

1. 区块链。区块链技术可以看作一个超级账本，它的业务逻辑基于两个支柱：一是分布式记账；二是一致性检验。所谓分布式记账，就是要把同一组信息，同时备份到足够多的存储节点中，记账节点越多，账本的内容就越不容易被篡改和抵赖；所谓一致性检验，就是少数服从多数的一致性检验原则。金融服务中最为重要的就是解决信任的问题，这正是区块链技术的用武之地，但并不是所有金融应用场景都适合用区块链技术解决。对国内信用证而言，区块链技术的去中心化、匿名性、分布式存储等特征是否适合信用证交易全部场景，有待进一步研究和市场检验，至少目前还不成熟，现阶段可以在国内信用证相关应用场景中挑选出适宜用区块链技术解决的痛点问题进行试点，

储备技术力量。

2. 云计算。随着信息化时代的到来，万物互联本质上是将各类信息存储在云端，并通过强大的计算能力对这些数据进行处理，以便利各方随时随地找到自己想要的相关数据信息。对国内信用证而言，既涉及 3 个子平台数据的分析、存储和处理，也涉及与外部政府机构、仓储物流等机构互联数据的分析、存储和处理，如何让运算处理速度更快、更高效地得出运算结果，是国内信用证各参与方共同关心的问题，这对国内信用证运营系统建设在实现随时随地便捷地按需使用共享计算设施、存储设备、应用程序等资源分配和架构设计方面提出挑战，尤其是如何运用好分布式存储，将数据计算分散到众多节点进行处理，使云计算为国内信用证运营系统提供强大的全局结构化数据推理分析和资源管控能力，从而实现快速敏捷、高效精准的实时响应能力。

3. 人工智能。人工智能（Artificial Intelligence，AI），是通过对大量数据进行处理分析，按照确定性的业务规则，快速响应新的数据输入，从而在没有人工干预的情况下完成特定的任务。随着信息技术的快速发展，为实现万物互联和数据共享，人工智能将提供更快的响应速度、更丰富的输出内容、更智能的应用场景以及更直观的用户体验，这将极大地促进人工智能在各领域的应用。对国内信用证而言，人工智能应用场景广泛，第一，可以应用于信用证开立与审单、信用证融资风险识别、反欺诈、监控预警、催收以及融资与再融资定价、各类保险定价等场景；第二，可以为各金融机构参与方提供精准营销、交叉销售的获客便利；第三，可以提供智能客服、服务质量控制、用户建议收集与处理等用户体验改善与优化；第四，平台数据的统计分析，可按需定制统计数据输出。

## （三）充分抓住国内信用证促进社会信用建设这一关键

社会信用体系是社会主义市场经济体制和社会治理体制的重要组成部分，信息化时代促进了社会信用信息共享，能最大限度发挥信用信息应用价值，有利于加大对守信企业的融资支持力度，从而提高金融服务实体经济质效。2019 年 9 月，国家发展改革委、银保监会联合印发了《关于深入开展"信易贷"支持中小微企业融资的通知》，国内信用证可以说是落实"信易贷"最有力的抓手，其提供的结算与融资等金融服务，对于规范市场秩序，加强信用信息基础设施建设，扩大信用记录覆盖面，强化金融业对守信者的激励作用和对失信者的约束作用，具有天然的不可替代作用。

一是建设国内信用证运营系统，有利于推进信用信息基础数据库建设，通过整合信用证相关的工商、税务、征信、司法、物流等社会各相关方信用信息的交换和共享，"自上而下"打通部门间的"信息孤岛"，完善信用信息的记录、整合和应用，强化信用证相关的信用调查、风险评估、融资与再融资、信用保险等推广应用。

二是建设国内信用证运营体系，有利于扩大信用报告的覆盖范围，通过建立健全企业客户信用管理和交易信用评估，加强银行、保险、证券、资管等金融机构之间信用信息系统数据共享，通过大数据分析，发现与规避信用证结算与融资领域的违约、欺诈行为。

三是建设国内信用证运营体系与系统，有利于加大信用服务产品在社会治理和市场交易中的应用，信用证本身就是一种为贸易结算提供的信用服务产品，能有效带动信用证融资与再融资、信用保险、免担保开证额度、应收账款管理、信用报告查询等信用服务业务发展。

# 第二节
# 国内信用证当事企业电子化运营

信息技术的发展为"无纸贸易"提供基础，即贸易链各参与方（如买方、卖方、银行、物流公司、税务机关、征信机构等）利用信息技术实现商业数据、商业单证的电子化交换，从而替代传统贸易过程中各种纸质文件与单据的传递，提高贸易效率，促进贸易便利化。

## 一、企业国内信用证电子化运营目标

### （一）线上完成交易

买卖双方直接利用网络对贸易进行电子化处理，在线完成合同签署、信用证申请、通知、交单、承兑、融资、款项收付等所有事项。

### （二）操作简单透明

买卖双方采用线上电子化操作，信用证交易流程及执行进度可随时跟踪掌握。

### （三）降低交易成本

买卖双方采用线上电子化操作，可降低企业采用传统线下信用证申请、交单、融资等所需缴纳的银行手续费，并节省纸质文件制作时间成本。

### （四）快速预审文件

买卖双方采用线上电子化操作，对信用证相关的商务合同、申请书、信用证条款及提交的相关单据等，可在线进行预审核，提前发现不符点，从而减少单据提交后再退单修改的风险。

### （五）在线获得融资

买卖双方采用线上电子化操作，信用证受益人（卖方）可在线申请打包贷款、卖方押汇、福费廷等卖方融资，信用证申请人（买方）可在线申请买方押汇融资，融资银行在线审核相关申请、单据及贸易背景，并在线放款。

### （六）在线申请保险

买卖双方采用线上电子化操作，可在线购买信用证相关的信用保险、货物运输保险、仓储财产保险等保险服务，一旦发生风险，可在线索赔。

## 二、企业国内信用证电子化运营实施路径

### （一）转变观念，创新流程

从洽商与签署商务合同，到提交开证申请、信用证通知与交单、信用证款项收付等全流程线上化，彻底替代传统线下模式。

### （二）充分利用第三方官方平台

由中国人民银行清算总中心牵头建设的电证系统，属于权威的官方信用证处理平台，买卖双方应充分利用该平台提供的各项服务，在线开展电子信用证结算、融资与再融资。

### （三）自觉遵循相关法规或行业规则

针对国内信用证及电子化运营，中国人民银行、银保监会、支付

清算协会、银行业协会等均出台了相关规则，企业应自觉遵守执行。

### （四）充分利用信用证优势开展经营模式创新

由于信用证较好解决了卖方希望发货后尽快收到现金与买方希望收货后延期支付以满足双方改善流动性共同需求的博弈问题，故买卖双方应充分利用信用证所具有的特有优势，开展经营模式创新。

# 三、企业国内信用证电子化操作

### （一）买卖双方在线签署商务合同

1. 买方利用电证系统等第三方平台提供的商务合同管理模块，录入商务合同或订单信息。

2. 卖方在线对买方录入的商务合同或订单进行审核确认。

3. 买卖双方在线磋商达成贸易交易条件并约定采用信用证结算，电子商务合同或订单生效。

### （二）买方发起电子信用证开立申请

1. 合同或订单生效后，买方通过电证系统共享前置（企业端）申请开证时，经办人员进入信用证开立页面，选择合同号/订单号，系统自动抓取合同或订单信息，生成电子信用证开立申请书。

2. 买方在线审核和提交开证申请，原则上依据买卖双方在线签署商务合同生成的开立信用证申请书不能修改；如需修改，则应从修改商务合同或订单发起。

3. 买方在线选择开证银行，当有多家开证银行供选择时，买方可综合银行资信情况以及用户评价、好评度等情况进行选择。

### （三）开证行开证、通知行通知

1. 开证行在线审核并接受开证申请后，通过电证系统向通知行发出信用证。

2. 通知行收到开证行发来的信用证后，向信用证受益人在线通知信用证。

3. 信用证受益人在线收到电子信用证。

### （四）受益人（卖方）在线申请打包贷款（如需）

1. 卖方收到信用证后，可根据采购、生产、装运等资金周转需要，在线申请办理打包贷款。

2. 银行（通常为通知行）在线受理打包贷款申请，如符合放款要求，则在线放款。

### （五）卖方（信用证受益人）备货，出运后提交单据

1. 卖方发货或提供服务后，提交信用证规定的运输单据、增值税发票等单据，目前增值税发票已经电子化，部分运输单据、仓储单据已经电子化，如为纸质单据则提交扫描件。

2. 卖方线下向交单行提交纸质单据。未来随着各类单据的日益电子化，将取消纸质单据。

### （六）交单行在线审核单据并向开证行提交

1. 交单行收到卖方在线提交的单据后，按照单证一致、单单一致、表面相符的原则在线审核单据，如发现不符点，则要求卖方修改后重新提交。

2. 交单行完成审单后，在线向开证行提交电子单据，并线下寄送纸质单据（如需）。

### （七）开证行审单并通知买方赎单

1. 开证行收到交单行发来的电子单据后，按照单证一致、单单一致、表面相符的原则在线审核单据，如无不符点则办理付款或远期承兑手续，如有不符点则拒付并听候交单行指示处理单据。如有线下纸

质单据提交，则需等待收到线下单据并审单后再根据审单结果决定。

2. 开证行收到单据并审单后，在线通知开证申请人办理赎单手续。

### （八）买方收单后在线申请办理买方押汇

1. 买方在收到信用证项下单据后，如资金紧张可向开证行申请办理买方押汇，用于支付该单据项下的应付款项，未来在销售货物后向开证行还款。

2. 开证行在线审核买方押汇申请，如符合要求，则予以办理并对外支付。

### （九）卖方交单后在线申请办理议付业务

1. 在信用证为可议付信用证情况下（指定议付或自由议付），卖方向交单行提交信用证项下规定单据后，如经交单行审核为单证相符，可在线向交单行申请办理议付业务，即交单行扣除融资利息后向卖方给付对价的行为。

2. 交单行在线审核议付申请，如符合相关要求，则在线放款。如卖方此前办理了打包贷款，则议付款项首先用于偿还已办的打包贷款。

### （十）卖方交单后在线申请办理卖方押汇业务

1. 卖方向交单行提交信用证项下规定单据后，可在线向交单行申请办理卖方押汇业务，即交单行凭卖方交来的单据保留追索权地向卖方提供的短期资金融通。

2. 交单行在线审核卖方押汇申请，如符合相关要求，则在线放款。如卖方此前办理了打包贷款，则押汇款项首先用于偿还已办的打包贷款。

### （十一）卖方交单后在线申请办理福费廷融资业务

1. 卖方向交单行提交信用证项下规定单据后，在收到开证行承兑电文情况下，可在线向交单行申请办理无追索权的福费廷融资业务。

2. 交单行在线审核福费廷业务申请，如符合相关要求，则在线放款。如卖方此前办理了打包贷款，则福费廷融资款项首先用于偿还已办的打包贷款。

### （十二）卖方交单后在线申请办理应收账款债权资管计划业务

1. 卖方向交单行提交信用证项下规定单据后，在收到开证行承兑电文情况下，可在线向交单行申请办理应收账款债权资管计划业务。

2. 交单行在线审核业务申请，如符合相关要求，则在线放款。如卖方此前办理了打包贷款，则融资款项首先用于偿还已办的打包贷款。

### （十三）卖方在线购买各类保险服务

1. 卖方收到信用证或申请办理福费廷业务时，如发现开证行资信不足以支持其办理相关融资，或因开证行资信导致融资费用较高，则可在线投保国内信用证信用险，对开证行进行增信，以防范开证行破产、拖欠、无理拒付等信用风险。

2. 卖方在办理货物运输或仓储时，可在线投保货物运输险、仓储险等。

3. 各类保单可在线查询、在线提交索赔申请。

### （十四）卖方在线选择仓储物流公司

1. 卖方在备货发运前，可通过第三方服务平台在线选择仓储物流公司、在线询价，选定后在线签署仓储物流合同。

2. 仓储物流公司收货后，在线出具电子运输单据，用于信用证项下交单。

### （十五）其他

1. 买卖双方可实时在线跟踪贸易交易及信用证结算相关的信息流、物流和资金流信息。

2. 买卖双方之间及与合作银行之间可进行自由评价，积攒好评度，促进各方自觉守信。

# 第三节
# 国内信用证当事商业银行电子化运营

互联网和金融科技正在深刻影响贸易金融价值链重塑，商业银行应顺应时代变化，对国内信用证线上服务进行升级再造：一是实行全流程电子化操作，节约服务成本，提高服务效率；二是对传统企业网银客户的交易习惯进行精准画像，向其推介更符合其需求、功能更强大的国内信用证及相关融资产品，提升客户使用国内信用证服务转化率和银行服务价值率；三是依托电证系统提供的流量入口进行获客，增强客户黏性，提高服务效能。

## 一、商业银行国内信用证电子化运营目标

### （一）拓宽服务领域

电证系统作为权威的第三方服务平台，商业银行可依托其实现线上获客，在相关贸易交易、国内信用证结算、福费廷融资及二级市场交易等各场景中，发现客户需求，在线提供相关服务。

### （二）提升服务质量

在传统商业银行开展的网银业务中，银行多属于被动提供服务，而通过大数据对客户交易习惯进行精准画像，主动推荐功能强大的国内信用证及相关融资产品，切实提高了银行服务的主动性和精准性。

### （三）降低服务成本

银行为买卖双方在线提供全流程国内信用证电子化操作，可降低传统线下信用证申请、交单、融资等所需缴纳的银行手续费，并可在线预审单，在线指导客户制单，大大节省单据制作时间成本。

### （四）强化内部管理

商业银行通过与电证系统进行对接，可及时掌握国内信用证交易相关的商务合同/订单、增值税发票、运输单据等贸易背景，极大地降低了虚假贸易风险，同时可在线投保各类保险，提高了国内信用证结算与融资安全性，便利银行加强国内信用证及相关融资业务的内部管理。

## 二、商业银行国内信用证电子化运营实施路径

### （一）实现国内信用证跨行、跨地域流转

商业银行通过接入电证系统，实现跨行、跨地域进行电子信用证的开证、修改、通知、议付、寄单索款、付款、注销/闭卷等信息交互。

### （二）实现国内信用证线上资金清算

商业银行通过接入电证系统，实现了信用证结算资金线上支付与清算。

### （三）实现国内信用证福费廷二级市场交易

随着电证系统福费廷交易模块的上线，商业银行可在线开展国内信用证福费廷二级市场交易。

### （四）实现国内信用证业务线上获客

随着电证系统共享前置银行端与企业端的上线，商业银行可在线

对接同业交易对手和企业客户对信用证结算与融资需求。

### （五）实现客户服务转化

通过主动改造商业银行传统网银，根据对客户交易习惯的精准画像，主动推送信用证及相关融资服务，培养客户习惯，提升客户使用国内信用证服务转化率。

# 三、商业银行国内信用证电子化运营规划

## （一）商业银行自身国内信用证业务处理系统建设

1. 自建。目前全国性银行自身多建有国内信用证业务处理系统，可直接申请接入电证系统，同时可通过网银与客户连接。如暂未通过网银与客户连接，则可选择与电证系统共享前置（企业端）进行连接，从而实现商业银行与企业间开展信用证业务全流程电子化信息传输。

2. 利用第三方服务。对于绝大多数中小银行而言，自建国内信用证业务处理系统并非最优选择，可直接选择使用第三方服务，即使用电证系统共享前置（银行端）处理国内信用证业务，可连接银行内部客户管理系统、授信管理系统、风控系统、核心系统等，并可直接与电证系统共享前置（企业端）进行连接。

## （二）接入电证系统

1. 提交申请。商业银行以其法人机构为单位，向中国人民银行清算总中心或所在地清算中心提交接入电证系统申请。申请应具备以下条件：

（1）拥有支付系统行号，能够办理支付清算业务。

（2）满足加入电证系统的相关技术及安全性要求，即商业银行需按照电证系统接入标准完成内部系统改造。

（3）具有健全的国内信用证相关内部管理制度。

（4）中国人民银行清算总中心规定的其他条件。

2. 通过验收。中国人民银行清算总中心根据加入电证系统的有关规则，对申请加入的商业银行开展业务和技术验收。

3. 签约上线。商业银行通过验收后，与中国人民银行清算总中心签订电子信用证信息交换系统参与者服务协议，确定具体上线日期和上线方案。

# 四、商业银行国内信用证相关业务电子化操作

## （一）国内信用证业务

1. 信用证开立。

（1）企业申请开证。企业（贸易合同的买方）通过银行网银或电证系统共享前置（企业端）选择银行申请开立信用证。企业经办人员进入信用证开立页面，选择合同号/订单号（利用电证系统等第三方平台提供的商务合同管理模块，已录入相关合同信息情况下）自动生成开证信息；如手工录入则需上传合同/订单等文件，经复核或授权人员审核后向开证银行发出开证申请。

（2）银行受理并审核开证申请。银行在线收到企业提交的开证申请后，由银行经办、复核对企业开证申请进行合规性、技术性审核，如企业使用电证系统共享前置（企业端）申请开证，通常会智能化自动提示哪些信用证条款存在风险供银行审核时参考。出具审核意见后，在线向银行授信系统申请扣减该企业的开证额度。

（3）开出信用证。成功扣减客户授信额度后，由银行授权人员通过电证系统将信用证发送通知行，同时在线收取信用证开立费用、记录表外账、向中国人民银行征信系统报送相关开证征信信息。

（4）向企业发送开证回执。信用证开立完成后，系统自动向企业（开证申请人）在线发送开证回执；如银行拒绝开证或有其他问题，也

在线通知企业（开证申请人）相关情况。

2. 信用证修改。

（1）原开证申请人发出修改申请。信用证修改的依据为相关商务合同或订单发生变更，如通过电证系统等第三方平台录入合同/订单情况下，信用证如需修改，则应从修改商务合同或订单发起后自动生成修改申请书。否则，需手工录入信用证修改信息，并上传相关贸易合同变更书或备忘录等文本、图片格式文件。

（2）银行受理并审核修改申请。银行收到企业提交的修改申请后，由银行经办、复核对企业修改申请进行审核，如企业使用电证系统共享前置（企业端）申请修改，通常会智能化自动比对并提示修改内容及风险，供银行审核时参考。出具审核意见后，在信用证金额发生增减的情况下，则需在线向银行授信系统申请增减该企业开证额度。

（3）发出修改书。由银行授权人员通过电证系统将信用证修改书发送原信用证通知行，同时在线收取信用证修改费用、记录表外账（如需）、向人行征信系统报送相关信用证修改信息（如需）。

（4）向企业发送修改回执。信用证修改完成后，系统自动向企业（开证申请人）在线发送修改回执；如银行拒绝修改或有其他问题，也在线通知企业（开证申请人）相关情况。

3. 信用证通知。

（1）收到来证。银行收到电证系统发来的信用证后，无论是银行自建国内信用证业务处理系统，还是使用电证系统共享前置（银行端），均可自动导入信用证相关信息，银行经办人员进入信用证通知页面后办理信用证通知业务。

（2）通知来证。在线通过网银或电证系统共享前置（企业端）向信用证受益人发送信用证，同时在线收取信用证通知费用及登记信用证通知台账。

4. 修改书通知。

（1）收到修改书。银行收到电证系统发来的信用证修改书后，无论是使用银行自建国内信用证业务处理系统，还是使用电证系统共享前置（银行端），均可自动导入信用证修改相关信息，银行经办人员进入修改通知页面后办理修改通知业务。

（2）通知修改书。在线通过网银或电证系统共享前置（企业端）向信用证受益人发送信用证修改书，同时收取信用证修改通知费用。

5. 寄单索款。

（1）收单、审单并录入寄单信息。当交单行为信用证通知行时，银行业务办理人员在线收到信用证受益人通过网银或电证系统共享前置（企业端）发来的电子单据后，根据信用证条款进行审单（电证系统提供智能机器人审单支持，即系统将单据数据项进行分解后，自动与信用证条款要求进行比对）后，将审单结果、所选择的索款寄单方式和指示，录入寄单信息页面。

当交单行不是信用证通知行时，银行业务办理人员还需上传全套信用证及修改文本。

（2）发送寄单通知并寄单。交单行复核人员对单据及录入信息进行审核后，在线向开证行/保兑行发送寄单通知及全套电子单据后，按照信用证中的寄单要求寄送全套单据。

（3）收费与账务处理。交单行在线收取审单费、寄单手续费、记录表外账。

（4）催收、催承兑及收款。单据寄送开证行/保兑行后，开证行/保兑行在5个工作日内未发出拒付电情况下，应对即期信用证付款、对远期信用证发出承兑电。交单行应及时向开证行/保兑行进行查询，对延迟付款的应追讨利息。在投保国内信用证信用保险情况下，应及时向保险人发出可能损失通知并及时提交索赔申请。

6. 开证行来单处理。

（1）收到寄单通知及电子单据。开证行收到交单行发来的寄单通知及电子单据后，系统自动生成到单信息，开证行可酌情进行预处理，实际计算5个工作日的银行审单时限将从收到纸质单据起计算（指定提交电子单据的情况除外）。

（2）审核单据。开证行审核寄单通知及电子单据（电证系统提供智能机器人审单支持，即系统将单据数据项进行分解后，自动与信用证条款要求进行比对），经复核后，将审单结果填入到单信息。

当开证行仅收到纸质单据时，则需与电子单据进行必要的比对，同时录入到单信息并上传全套单据。

（3）通知单据。开证行通过网银或电证系统共享前置（企业端）向开证申请人在线发送到单通知及电子单据。

（4）付款/承兑、拒付/退单。

①银行审单后，若单据与信用证条款相符，不论开证申请人是否答复接受单据，开证行均应在 5 个工作日内对即期信用证付款、对远期信用证发出承兑电。对外付款后，系统自动反向处理表外账、发送信用证相关的央行征信变动信息。办理远期承兑的，通常需按期收取承兑费用。

②银行审单后，若单据与信用证条款不符，开证行可以直接向交单行发送拒付电文，一次性列明所有不符点，单据听候处理；或将不符点通知开证申请人听候处理。如在收到交单行或受益人退单的要求之前，开证申请人接受不符点的，开证行独立决定是否付款、承兑或退单。

（5）款项让渡确认与登记。当开证行收到交单行或其他收款行发来请求对已承兑的远期信用证项下应收账款债权让渡进行确认时，根据同业惯例应配合进行确认，同时登记最终收款人账户信息。必要时，可计收一定的确认费用，在未来付款时扣除，但需在确认时一并回复对方。

7. 信用证注销闭卷。

（1）正常注销。开证行在信用证付款后，自动扣减信用证金额，通常对余额小于开证金额 10% 则提示是否注销，以及信用证过效期 1 个月后也提示注销，通过系统自动办理注销手续，包括费用检查、表外账处理、授信额度处理、央行征信系统报送处理等。

（2）非正常注销。开证行在经信用证申请人、受益人同意情况下，办理信用证注销手续。

### （二）福费廷业务

1. 自行买入方式。

（1）受理申请。银行收到客户（信用证受益人）通过网银或电证系统（企业端）发来的国内信用证福费廷业务申请后，进入国内信用证业务处理系统（自建或第三方服务）福费廷业务办理页面，自动生成相关信息。

如受益人无法通过线上提交申请及相关文件，则需录入受益人提交的福费廷业务申请信息，包括国内信用证编号、开证行名称（行号）、币种、信用证金额、承兑金额、期限、是否为关联交易、商品或服务所处行业、报价等，并上传客户与银行签署的国内信用证福费廷业务合同、国内信用证福费廷业务申请书、信用证（含修改）及相关单据、开证行承兑电、基础交易商务合同、贸易背景真实性说明材料等文本、图片格式文件。

（2）发送福费廷业务确认书和款项让渡通知书。经审核后，银行通过网银或电证系统（企业端）向客户在线发送国内信用证福费廷业务确认书。同时，通过电证系统向开证行发送款项让渡通知书。

（3）放款。银行向开证行成功发送款项让渡通知书后，向客户办理福费廷款项发放手续（扣除相关息费），并在线处理相关账务。

（4）到期收款。在开证行承诺付款到期日，收到开证行付款后闭卷。如未足额收妥，则向开证行追讨，或向保险公司索赔（投保国内信用证信用保险情况下）。

2. 仅为中介/代理方式。

（1）受理申请。银行收到客户（信用证受益人）通过网银或电证系统（企业端）发来的国内信用证福费廷代理转让业务申请后，进入国内信用证业务处理系统（自建或第三方服务）福费廷代理转让业务办理页面，自动生成相关信息。

如受益人无法通过线上提交申请及相关文件，则需录入受益人提交的福费廷代理转让业务申请信息，包括国内信用证编号、开证行名称（行号）、币种、信用证金额、承兑金额、期限、是否为关联交易、商品或服务所处行业等。

（2）选择报价方式。仅为中介/代理交易方式包括卖方报价与买方竞价两种方式。如选择卖方报价，则将拟卖出的应收账款债权信息及报价发布后，供包买方选择；如选择买方竞价，则将拟卖出的应收账款债权信息发布后，由意向包买方自主报价。

（3）选择包买方及交易办理。买卖双方通过电证系统提供的即时聊天工具，就价格、应收账款债权情况等进行沟通，并选择包买方达成交易。在系统无法抓取相关信息的情况下，还需上传客户与中介/代理银行签署的国内信用证福费廷代理转让委托合同、国内信用证福费廷代理转让委托业务申请书、信用证（含修改）及相关单据、开证行承兑电、贸易背景真实性说明材料、基础交易商务合同等文本或图片格式文件。

中介/代理行可根据拟转卖的应收账款债权情况选择是否投保国内信用证信用险，如投保则转入保险购买模块并自动代入相关信息。

（4）签署福费廷买卖协议。中介/代理行与包买方在线签署国内信用证福费廷资产（应收账款债权）买卖协议（电证系统提供标准格式）。

（5）发送福费廷代理转让委托业务确认书和款项让渡通知书。经审核后，银行通过网银或电证系统（企业端）向客户发送系统自动生成的国内信用证福费廷代理转让委托业务确认书。同时，通过电证系统向开证行发送款项让渡通知书。

（6）通知包买方付款、中介/代理行收款/放款。向开证行成功发送款项让渡通知后，通过电证系统通知包买方请其按达成的国内信用证福费廷买卖协议付款，中介/代理行收款后向客户办理款项发放手续（扣除中介费/代理费）。

（7）到期检查。到期由包买方直接收款，如开证行仍将款项支付给中介/代理行，则中介/代理行应在收款当日向包买方办理款项转支付手续。

### （三）福费廷二级市场业务

1. 福费廷资产转卖。

（1）发出转卖请求。持有国内信用证福费廷资产的银行综合考虑各种因素后，决定作为应收账款债权转卖方在福费廷二级市场上卖出经开证行确认到期付款的未到期应收账款债权。银行挑选出相关福费廷资产后，通过电证系统提供的福费廷二级市场交易模块挂出福费廷资产转卖信息。

如之前未通过系统处理福费廷包买业务，则需录入拟卖出的应收账款债权信息，包括国内信用证编号、开证行名称与行号、币种、信用证金额、承兑金额、期限以及商品或服务所处行业、承付到期日、开证申请人名称、受益人名称、开证申请人与受益人是否为关联方等。

（2）选择报价方式。福费廷二级市场交易包括卖方报价与买方竞价两种报价方式。如选择卖方报价，则发布拟卖出的应收账款债权信息及卖出报价，供包买方选择；如选择买方竞价，则发布拟卖出的应收账款债权信息后，由意向包买方自主报价。

（3）选择包买方及交易办理。转卖方与包买方通过电证系统提供的即时聊天工具，就价格、应收账款债权情况等进行沟通，并选择包买方达成交易。如系统无法抓取相关数据，则需上传信用证（含修改）及相关单据、开证行承兑电、贸易背景真实性说明材料、基础交易商务合同等文本、图片格式文件。

转卖方可根据应收账款债权情况选择是否投保国内信用证信用保险，如投保则通过链接转入保险购买模块并自动代入相关信息。

（4）协议签署、款项让渡通知。转卖方与包买方在线签署国内信用证福费廷资产（应收账款债权）买卖协议（电证系统提供标准格式）后，转卖方通过电证系统向开证行发送款项让渡通知书。

（5）通知包买方付款/转卖方收款。向开证行成功发送款项让渡通知后，通过电证系统通知包买方请其按达成的买卖协议付款，转卖方收款。

（6）到期检查。到期由包买方直接收款，如开证行仍将款项支付给转卖方，则转卖方应在收款当日将款项转支付给包买方。

2. 福费廷资产包买。

（1）提出包买请求。银行综合考虑各种因素后，决定购买福费廷资产时，可通过电证系统提供的福费廷二级市场交易模块提交意向包买报价，以开证行资信、信用证期限等不同加以区分。福费廷二级市场交易模块将根据报价对在售福费廷资产转卖标的进行筛选推送，包买方可在推送信息中选择交易标的。

（2）交易标的选择。

①直接筛选。针对转卖方选择卖方报价模式进行转卖的应收账款债权，包买方可浏览按综合排序的交易标的，也可由包买方按录入报价推送的标的信息进行选择。

包买方筛选出符合自身要求的应收账款债权交易标的，在标的筛选过程中应注意落实开证行授信额度、应收账款贸易背景等，必要时可投保国内信用证信用保险。

②竞价筛选。针对转卖方选择买方竞价模式进行应收账款债权转卖的，包买方通过浏览交易标的信息，结合自身情况对相关交易标的进行自主报价。

包买方在标的筛选过程中应注意落实开证行授信额度、应收账款贸易背景等，必要时可投保国内信用证信用保险。

（3）交易达成。无论是直接筛选，还是竞价筛选，买卖双方均可通过电证系统提供的即时聊天工具，就价格、应收账款情况等进行沟通。

包买方可根据对开证行、转卖方资信情况的了解，选择是否投保国内信用证信用保险，如选择投保转入保险购买模块并自动代入相关信息。

（4）协议签署、款项让渡通知。转卖方与包买方在线签署国内信用证福费廷资产（应收账款债权）买卖协议（电证系统提供标准格式）后，转卖方通过电证系统向开证行发送款项让渡通知书。

（5）通知包买方付款/转卖方收款。向开证行成功发送款项让渡通知后，通过电证系统通知包买方请其按达成的买卖协议付款，转卖方收款。

（6）到期检查。到期由包买方直接收款，如开证行仍将款项支付给转卖方，则转卖方应在收款当日将款项转支付给包买方。

（7）其他。出现买卖协议中约定的包买方保留追索权的情形时，包买方应立即向转卖方（卖出方、中介/代理行）追索有关已支付的款项及相关利息、罚息和费用（如有），同时将相关应收账款债权反转让给转卖方（卖出方、中介/代理行）。

## （四）应收账款债权资产管理计划业务

1. 业务发起。银行作为代理人或委托人，可通过电证系统提供的国内信用证应收账款债权专项资产管理计划业务（以下简称专项计划）模块发起业务。

2. 预估资金报价。

（1）计划管理人报价。券商或基金公司作为计划管理人以同业福费廷二级市场、票据市场、同业拆借市场、短融等债券市场及历史交易有效价格为参考基础，结合向专项计划各类潜在投资人进行询价的情况，确定不同期限的资产支持证券价格，如 6 个月、12 个月等的价格。

计划管理人在价格确定后，通过电证系统相关模块发布不同期限的资金预估价格，且标明具体报价的有效期以及计划设立日，同时公布计划管理费、律师服务费、评级机构服务费、资产管理费、托管费等中介费用。价格发布日通常在专项计划设立日（起息日）前至少 7 个工作日（T–7）对外发布。

（2）信用保险报价（如需）。通过相关链接进入投保页面，输入国内信用证编号、开证行名称（行号）、单据金额、期限、行业、申请人及受益人是否为关联方等信息，查询国内信用证信用保险保费价格。

（3）代理人报价。银行作为专项计划的代理人，根据计划管理人发布的价格及相关中介费用，加上信用保险保费（如需）和本机构作为代理人应收取的交易安排费用后，向信用证受益人报价。

（4）接受报价。银行在信用证受益人接受综合报价或自身持有福费廷资产并接受报价情况下，办理资产预约。

3. 资产预约。

（1）信用证受益人提交业务申请。信用证受益人接受银行作为代理人的综合报价后，银行与受益人签署国内信用证应收账款债权专项资管计划业务委托代理合同（电证系统提供标准格式）并逐笔提交委托代理申请书，以及系统自动带出的应收账款债权材料和证明文件，包括但不限于信用证（含信用证修改及其通知书）以及信用证项下未到期应收账款债权资料（包括基础交易商务合同、交单面函、货运单据或提供服务证明、增值税发票）、开证行承兑电文等。如无法带出，则需录入和上传。

（2）审核拟转卖的应收账款债权信息及相关文件。银行审核信用证及修改、未到期应收账款债权相关背景，审核未到期应收账款债权是否符合计划管理人公布的资产入池标准，包括期限、单笔最大金额、行业背景、承付行等。

如需办理投保手续时，则通过相关链接进入投保页面办理投保手续，通常保费将在支付转让款项时由计划管理人代扣并支付至保险人指定账户。

（3）提交资产预约申请。银行应于专项计划设立日前第 5 个交易日（T-5）15：00 前正式向计划管理人提交资产预约申请。

4. 相关方审核拟入池资产。在收到预约申请后，计划管理人、律师事务所及评级机构按对银行提交的应收账款债权资料进行审核，并在 2 个工作日之内反馈审核结果。如在资产预约审核过程中被要求补充相关资料，则银行需在 1 个工作日之内收集相关材料并提交；如无法提交需及时向计划管理人说明，且在 1 个工作日内未按要求提供，则默认为预约退回。

如因基础资产不符合计划管理人公布的入池标准，则资产预约将被直接退回，且该资产将无法再次申请预约同一计划。

对于入池核准通过的基础资产，将按照银行为单位生成合格应收账款债权清单，作为基础资产买卖协议附件之一。

5. 协议签署、发送款项让渡通知。在专项计划设立日前至少 1 个工作日，银行与计划管理人在线签订国内信用证应收账款债权基础资产买卖协议（电证系统提供标准格式）。

作为基础资产转让的前提，银行需于协议签署后 1 个工作日内代理原始权益人（信用证受益人）或自身作为权益人将合格应收账款债权清单项下的应收账款，通过电证系统向开证行发送款项让渡通知。

6. 交易所挂牌转让并收取认购款项。计划管理人在向交易所及基金业协会递交所有资料并完成登记和备案后，专项计划经由交易所正式挂牌转让，接受投资者认购，认购款项将在认购时直接付至托管行指定账户。

7. 款项发放与支付。计划管理人应在专项计划设立日 15：00 前向托管行发出付款指令，指示托管行将基础资产购买价款划转至作为代理人/委托人银行的指定账户，用于基础资产的购买。托管人应对计划管理人付款指令中资金的用途及金额进行核对，并于专项计划设立日 16：30 前予以划转。

（1）代扣各类费用并支付至指定账户。代扣保险费用并支付至保险公司指定账户，保单生效；代扣计划管理费、资产服务费、律师事务所服务费、托管费、评级机构服务费等并支付至指定账户。

（2）代扣专项计划资金利息，留存托管账户待未来投资到期时一并支付，该部分利息留存及其投资产生的额外收益起到了流动性支持和安全垫的作用。

（3）托管行完成各类费用及利息代扣代付后，将基础资产对应的转让价款支付至银行指定账户。对银行作为代理人而言，在收到托管行付来的基础资产转让价款后，扣除事先约定的交易安排费用后，将剩余款项支付至受益人账户。

8. 到期收款。应收账款到期时，开证行直接向计划管理人付款。

如开证行仍将款项支付给作为代理人/委托人的银行，则银行应在收款当日将款项转支付给计划管理人。

9. 流动性管理。

（1）到期日管理。原则上每个专项计划的同一期限基础资产的应收账款到期日，必须早于专项计划到期兑付日前 2 个工作日（含）。

（2）利息和收益管理。专项计划投资人的收益全部来源于作为基础资产的应收账款，专项计划基础资产的购买采取折价受让方式，投资人受让的是全部应收账款债权及其附属权益。

（3）资产赎回。如发生基础资产买卖协议中约定的除外情况，包括但不限于因存在欺诈而收到法院止付令等，计划管理人需书面通知银行作为代理人/委托人回购对应资产，银行需在 3 个工作日之内履行资产回购义务。如选择资产赎回，银行需联系原应收账款出让方要求退还转让款，退还未果时则由银行垫款支付。否则，在投保时则启动保险索赔程序。

## （五）其他国内信用证融资业务

1. 在线办理打包贷款。银行通常作为通知行，在线受理信用证受益人提交的打包贷款申请后，如符合放款要求，则在线放款。

2. 在线办理信用证议付。银行作为议付行情况下，在线受理信用证受益人在交单后发起的信用证议付申请，如符合相关要求，则在线放款。如卖方此前办理了打包贷款，则议付款项首先用于偿还已发放的打包贷款。

3. 在线办理卖方押汇。银行作为交单行，在线受理信用证受益人提交单据后发起的卖方押汇申请，如符合相关要求，则在线放款。如卖方此前办理了打包贷款，则押汇款项首先用于偿还已发放的打包贷款。

4. 在线办理买方押汇。银行作为开证行，在线受理收到信用证下单据后由买方发起的买方押汇申请，如符合要求，则予以办理并对外支付。

## （六）其他

不同商业银行在国内信用证及融资交易流程中承担不同的角色，可通过电证系统及共享前置客户端（银行端或企业端），实现电子信用证信息、相关业务处理沟通及查询查复等信息的自由发送、接收与登记。

# 第四节
# 国内信用证当事保险公司电子化运营

随着 5G、移动互联、人工智能、大数据、云计算、电子签名等技术的快速发展，科技对保险服务的赋能作用越来越明显，保险服务线上化、核保智能化、单证电子化获得了成功应用并迅速普及，极大地提高了保险服务效率。同时，也催生出保险服务新产品、新业态、新模式。对国内信用证而言，涉及的保险服务包括信用保证保险、货物运输保险、仓储财产保险等场景化、生态化的电子化运营。

## 一、保险公司国内信用证相关保险服务电子化运营目标

### （一）挖掘保险保障功能

一方面，围绕国内信用证提供开证行履约保证保险、信用保险，扩大风险保障覆盖面，通过为开证行增信，解决开证行的信用风险及授信额度不足问题，全额承保、快速理赔、保单自动转让、全流程线上办理，极大地提高了国内信用证市场可接受度及福费廷二级市场交易便利性。

另一方面，围绕国内信用证贸易背景提供货物运输保险、仓储财产保险等风险管理服务，扩大风险保障范围，为客户提供风险管理手段，并提高银行融资的安全性。

## （二）保险服务场景化

对于国内信用证而言，一笔交易涉及商流、信息流、货物流、资金流等多场景应用，保险服务涉及不同的场景信息，只有依托场景将这些看似碎片化的信息进行综合汇总，才能提供精准的保险服务。电证系统和中保信[①]平台等为保险服务场景化应用提供了基础设施，可利用数据挖掘技术，对场景中保险服务需求进行挖掘，实现精准营销，满足客户需求。

## （三）核保智能化

依托场景，运用云计算、大数据、人工智能等技术工具，按照保险保障范围与形式对保险服务进行自动核保与定价，依托科技强化对风险的识别与管理能力，精准匹配风险与收益的对应关系，实现保险服务价值最大化。对国内信用证信用保险而言，要实现智能化核保功能，就必须动态掌握若干家开证银行的基础信息、财务数据、经营情况等资料，并通过工商税务机构、金融监管机构及公、检、法等机构网站及时掌握信息变化情况。

## （四）服务标准化

通过完善业务标准，提供标准化业务规范，并嵌入各业务场景中。一方面，制定全套的涵盖保前调查、保中审查、保后管理的国内信用证相关保险服务标准体系；另一方面，要加强内控，提高风险识别能力，保证交易合规，自觉遵守国内信用证及相关保险业务的法律法规和市场规则。

## （五）全流程电子化

要实现国内信用证相关保险服务全生命周期的全流程电子化操作，包括投保、核保、缴费出单、批改、预损通知、索赔、定核损、单证

---

① 中保信：中国保险信息技术管理有限公司。

收集、理算核赔、结案等完整业务流程，通过全流程电子化操作，提高国内信用证保险服务处理效率和客户服务响应速度。

# 二、保险公司国内信用证相关保险服务电子化运营实施路径

## （一）发现需求

依托电证系统等交易场景，对国内信用证及融资相关交易数据进行挖掘分析，发现客户需求，并对需求所对应的风险进行精准度量，提高保险产品满足客户需求的概率与效率。同时，通过对多场景的数据进行叠加关联，防范客户的逆向选择风险。

## （二）设计产品

在国内信用证保险服务提供方面，除提供标准化的国内信用证履约保证保险、信用保险、货物运输保险、仓储财产保险等保险产品外，还可通过运用大数据分析技术实现精准营销，为客户提供个性化的保险定制产品，实现保险的风险管理职能，让国内信用证相关业务没有不可保的风险，所有的风险都可投保。

## （三）运营产品

通过将保险公司核心系统与电证系统、商业银行国内信用证处理系统等进行数字化整合与业务流程无缝连接，充分运用信息技术，实现投保、查询、核保、索赔、理赔等各业务节点全流程电子化作业，提高保险服务运营效率和流程标准化水平。此外，通过应用人工智能等技术，关注客户行为，响应客户问题，优化客户体验，不断提高保险产品运营水平。

## （四）智能客服

通过物联网、电证系统、商业银行国内信用证处理系统、保险公

司核心系统等智能连接，以及生物认证、大数据、远程视频、人机交互等 AI 技术的运用，实现国内信用证保险智能客户服务，为客户提供一站式、智能化、全天候在线客户服务，提升客户服务感受，推动金融科技与保险业的深度融合，用科技创造价值。

# 三、保险公司国内信用证相关保险服务电子化运营规划

## （一）创新保险产品和服务模式

针对国内信用证及融资对保险服务的需求，依托电证系统等业务场景，精准设计标准化的通用保险产品和个性化的定制保险产品，满足客户需求，并对保险风险开展主动管理。同时，服务模式实行全流程线上化，客户服务智能化。

## （二）服务渠道多样化

依托电证系统等业务场景将保险产品灵活投放到国内信用证及融资的各个交易环节，通过 PC 网页、手机 APP、微信公众号及小程序等电子渠道，提供国内信用证相关的保险服务，实现全流程电子化、标准化操作，使国内信用证相关保险产品触手可及，操作便利。

## （三）充分依托电证系统和中保信平台等基础设施

电证系统是国内信用证信息交换的权威平台，中保信平台是国内保险数据的权威平台，这些平台服务对象涵盖银行机构、保险机构、监管机构、工商企业和相关社会公共部门，汇集了国内信用证交易、福费廷及二级市场、相关保险等多类数据，并实现各类数据跨企业、跨银行、跨地区、跨行业的共享和应用。为此，必须充分依托电证系统和中保信平台等基础设施，深入挖掘场景与数据，发现并满足国内信用证及融资相关保险服务需求。

### （四）充分利用大数据、人工智能、区块链等技术

一是通过大数据的分析运用，发现客户需求，精准营销，定制国内信用证及融资相关的个性化保险产品；二是通过人工智能的运用，实现核保、客服智能化，推动风险的主动管理和客服的不间断满足，提高保险业务经营管理效率，改善客户服务满足方式，打造国内信用证及融资保险服务新模式和新生态；三是通过区块链技术的运用，促进保险对信用风险管理问题的解决，防范客户投保逆向选择风险和保险欺诈风险。

# 四、保险公司国内信用证相关保险服务电子化操作

## （一）国内信用证信用保险

1. 设计产品。保险公司根据自身人才、技术、管理、风控等因素，开发国内信用证信用保险（含履约保险，下同）产品。

2. 开发系统。保险公司开发国内信用证信用保险运营相关的系统，包括开证行资信评估系统和业务运营系统。

（1）开证行资信评估系统。通过运用评级模型，开展定量和定性分析，评估开证行信用风险并赋予特定信用等级，同时量化其可承担的最高信用风险额度、可用授信限额，并保持风险监测、及时预警，实现保险费率与实际风险水平相匹配。

（2）业务运营系统。开发国内信用证相关的保险服务运营系统，与电证系统、商业银行国内信用证处理系统等场景连接后，实现投保、核保、缴费出单、理赔等全流程电子化处理。

3. 受理投保申请。投保人（包括工商企业客户、银行机构客户、福费廷包买人等）如需投保国内信用证信用保险，可通过电证系统、商业银行国内信用证处理系统等场景保险服务链接发起业务申请，或

通过保险公司网站、APP、微信公众号等端口直接发起申请。

4. 核保与报价。保险公司收到投保人的申请后，根据信用证编号、开证行名称、开证行清算行号、信用证金额、期限、行业背景、关联关系等要素，业务运营系统自动检测信用证开证行额度是否充足，如额度充足，则显示保费报价，否则通知投保人原因及解决方式。

5. 确认保险费和投保信息。如投保人接受保费报价，则提示投保人确认投保信息，在线阅读并接受国内信用证信用保险条款、投保须知等。

6. 缴费出单。投保人缴纳保费后，业务运营系统生成国内信用证信用保险保险单，并将电子保险单和缴费发票在线发送给投保人，同时告知保单查询、验真、下载方式。

7. 受理保单批改。保单生效后，发生信用证金额增加或减少、期限延长或缩短以及保单载明的名称、住所等重要信息项发生变更的情况时，投保人可通过保单批改申请方式对原保单进行修改，具体流程同投保、核保、出单一致。

8. 受理可能损失通知。根据保险条款的规定，在保险期间内，被保险人应在知道或应当知道保险合同约定的拖欠风险可能发生之日起规定时间内（通常为 2 个工作日），在线提交国内信用证信用保险可能损失通知，并可委托保险人进行追偿（需在线签署委托追偿代理协议书）。

9. 受理索赔申请。被保险人提交可能损失通知后，在一定时间内仍未足额收到开证行付款时，则应向保险人提交索赔材料。

（1）在线填写索赔申请书及被保险人对该索赔的说明及意见。

（2）在线提交索赔材料，包括保险事故相关的运输单据或提供服务单据、信用证项下应收账款债权转让协议（如有）、开证行付款承诺电或确认电以及其他往来函件、邮件及传真等。

（3）上传其他索赔材料（如有），如涉及诉讼的，需提交法院的传票、诉状、判决书，以及其他所能提供的与确认保险事故的性质、原因、损失程度等有关的证明和资料等。

10. 定损核赔。

（1）定损核赔时，不包含开证行已支付或货物购买方（服务接受方）已支付、已抵销，及被保险人同意减额、放弃债权的部分。

（2）在发生保险责任范围内的风险时，如涉及货物处理，在被保险人处理完货物前，保险人原则上不予定损核赔。被保险人处理货物的方案须事先经保险人同意，否则保险人有权拒绝承担赔偿责任。

（3）开证行在付款前收到法院止付令，除非保险人认可，否则在获得法院解除止付令之前，保险人不予定损核赔。开证行在付款前，如贸易双方因存在纠纷而引起买方拒付货款或拒绝接受货物，除非保险人认可，否则被保险人应先进行仲裁或提起诉讼，在获得已生效的仲裁裁决或法院判决并申请执行之前，保险人不予定损核赔。

11. 办理赔付和权益转让。保险人在收到被保险人提交的相符索赔文件后，应当从次日起的 1 个工作日内作出是否属于保险责任的核定，并将核定结果通知被保险人，对属于保险责任的则办理赔付手续，对不属于保险责任的则向被保险人说明拒赔理由。

保险人赔款后，被保险人应将赔偿所涉及的销售合同、信用证项下的权益转让给保险人，同时，被保险人仍有义务协助保险人向开证行及相关付款义务人追偿。被保险人及其代理人从货物购买方（服务接受方）、开证行或其他付款义务人处追回或收到的任何款项，视为代保险人保管。被保险人应在收到上述款项后立即将相应款项退还保险人。

12. 保险合同终止。发生下列情形之一的，保险合同由系统自动终止：

（1）开证行已依约履行信用证下付款义务。

（2）信用证过效期注销、减额至零或经各方同意撤销。

（3）发生保险事故，保险人已根据保险合同约定作出赔付或向被保险人发出拒赔通知。

（4）保险单到期。

13. 其他。在保单存续期间，保险人应主动加强风险管理，包括风险监测、风险分类、风险预警、风险处置、客户回访、开证行退出、档案管理等。

### （二）货物运输与仓储保险

1. 设计产品。保险公司根据自身人才、技术、管理、风控等因素，开发货物运输与仓储保险等产品，如货运保险包括海运保险、水运保险、陆运保险、空运保险、联运保险等。

2. 开发系统。保险公司开发货物运输与仓储保险产品业务运营系统，与电证系统、商业银行国内信用证处理系统等场景连接后，实现投保、核保、缴费出单、理赔等全流程电子化处理。

3. 受理投保申请。投保人（通常为货物卖方或买方）如需投保货物运输与仓储保险时，可通过电证系统、商业银行国内信用证处理系统等场景保险服务链接发起业务申请，或通过保险公司网站、APP、微信公众号等端口直接发起申请。

4. 核保与报价。保险公司收到投保人的申请后，根据投保人提供的货物运输与仓储信息，包括承保险种与保险责任、货物种类及包装（如是否为易碎易损货物）、运输范围（路途远近、气候条件、路况等）、运输方式（海、陆、空、联运等）、免赔率等，在线给出保费报价，否则通知投保人原因。

5. 确认保险费和投保信息。如投保人接受保费报价，则提示投保人确认投保信息，在线阅读并接受保险条款、投保须知等。

6. 缴费出单。投保人缴纳保费后，业务运营系统生成货物运输与仓储保险保险单，并将电子保险单和缴费发票在线发送给投保人，同时告知保单查询、验真、下载方式。

7. 受理保单批改。保单生效后，如货物运输与仓储相关的货物品名、数量、价值、包装、运输方式、投保险别等重要信息项发生变更，投保人可通过保单批改申请方式对原保单进行修改，具体流程同投保、核保、出单一致。

8. 受理损失通知。当被保险人获悉或发现保险货物遭损，应立即在线通知保险人，以便保险人核验损失，提出施救意见，确定保险责任，查核发货人或承运人责任。延迟通知的则可能引起异议和索赔。

9. 受理索赔申请。根据保险条款的规定，在保险期间内保单出险后，被保险人应在规定时效内向保险人提交索赔材料。

（1）在线填写索赔申请书及被保险人对该索赔的说明及意见。

（2）在线提交索赔材料，包括保险事故相关的运输契约、发票、装箱单、向承运人等第三者责任方请求补偿的函电或其他单证等文件。

（3）上传其他索赔材料（如有），如涉及诉讼的，需提交法院的传票、诉状、判决书，以及其他所能提供的与确认保险事故的性质、原因、损失程度等有关的证明和资料等。

10. 定损核赔。保险人根据保单责任范围约定，对被保险人提交的索赔申请进行核查，办理定损核赔手续。对属于保险责任的，根据被保险人的实际损失办理赔付手续，对不属于保险责任的向被保险人说明拒赔理由。

11. 保单终止。在保单到期以及保险人已根据保险合同约定作出赔付或向被保险人发出拒赔通知时，货物运输与仓储保险保单由系统自动终止。

# 第五节
# 国内信用证电证系统电子化运营

以5G为代表的信息技术革命的到来，必将促进传统的金融业务随着信息技术发展而革新，其中最具代表性的电子支付发展，逐渐替代了纸币流通，更多金融业务正在酝酿发生根源性变化，这种变革呼吁央行顺应时代发展，建立一种新的稳定经济体系，运用高效的金融工具或措施，实现其核心目标。电证系统，正是顺应时代发展开展的一项重要金融基础设施实践，加快驱动新时代金融服务升级换代，提升金融服务实体经济的能力和实际效果，该基础设施搭建的场景也将成为央行货币政策定向传导的又一重要通道。

## 一、电证系统建设目标

### （一）系统架构创新

借鉴经验，发挥后发优势，打造一个更加公平、公正并以提高社会生产效率为核心的金融创新平台，制定电子数据接口标准，各参与方系统无缝对接，从而实现贸易便利化、无纸化的目标。系统连接组成的平台涵盖国内信用证相关的金融体系制度、机构、参与者、运行机制和法律监管框架等。平台各参与方如下：

1. 各类金融机构：银行（包括政策性银行、商业银行、农村合作银行、村镇银行和农村信用社）、保险与再保险公司、券商、基金公司、交易所、信托公司、资管公司等。

2. 金融监管机构：中国人民银行、银保监会、证监会及相关协会等。

3. 政府部门：工商、税务、市场监督、征信、司法等。

4. 工商企业：贸易链上下游各参与企业、物流运输仓储企业等。

5. 其他：律师事务所、会计师事务所、审计师事务所以及评级机构等。

由多主体参与的电证系统，将成为集贸易结算、贸易融资、支付清算、单证托管、单证核验、银行间市场、交易所市场、保险与再保险市场等于一体的新型金融基础设施共享平台。

## （二）交易过程创新

通过先进信息技术的运用，为贸易交易双方企业提供公平的贸易结算与融资环境，促进金融业为社会经济的良性发展服务。电证系统通过运用最新 IT 技术创新整个贸易交易流程，包括多主体信息交换、贸易单据电子化处理和交易流程自动化处理等，实现国内贸易信用证结算与融资业务跨机构、跨地域、跨市场、跨业态"一站式"综合服务，代替传统线下一对一模式。同时，随着市场广度的扩展，电证系统将进一步为实体经济提供全方位金融服务，起到应对经济波动市场调节器作用。

## （三）监管模式创新

围绕国内贸易信用证结算与融资，建立一个包含各种信息并能够对这些信息开展交互验证分析的数据库系统，从而智能识别信用证结算与融资相关的交易风险并及时预警，运用科技打造新型金融监管模式，适应宏观监测和数据处理能力的需求，形成对监管工作的有力支撑，提高金融监管的有效性。同时适应市场多变、科技快变的特点，提升监管数据库系统快速反应能力，实施常态化的线上国内信用证风险预警监测机制，运用科技提升国内信用证跨市场、跨业态、跨地域交易风险的识别、预警和处置能力。

在此模式下，无论是监管机构，还是各利益相关方均可通过该数据库工具，查询、分析、预警、化解国内贸易信用证结算与融资相关风险，从而为实体经济贸易交易活动保驾护航。

# 二、电证系统实施路径

## （一）电证系统，为企业提供新的普惠金融服务

电证系统，是中国人民银行清算总中心依托大额支付清算系统网络，通过银行机构网点为企业提供信用证结算与融资服务，极大地扩展了信用证金融服务的覆盖面，惠及了以往难以开展国内贸易信用证结算与融资业务的银行和企业。项目一期实现功能包括信用证数据电文的接收、存储、发送及资金清算等基本服务，项目后期规划包括提供共享前置（银行端、企业端）、福费廷及二级市场交易、应收账款债权资管计划、在线投保开证行信用保险和货运保险、发票核验、智能机器人审单、商务合同管理等服务。电证系统的上线，使 2016 年中国人民银行与银监会共同发布的《国内信用证结算办法》得以广泛推广。同时，通过运用现代科技成果，改造与创新信用证结算与融资产品、经营模式、业务流程，让具有强大结算与融资功能的国内信用证交易更加安全、便捷和普惠。

在普惠性方面，电证系统实现了所有银行网点 7×24 小时信用证电子化开立与流转，并成为信用证融资与再融资的交易场所。对工商企业而言，通过采用信用证结算，较好解决了贸易延期付款结算带来的到期安全收款及贸易相关的买卖双方融资难、融资贵等问题；对商业银行而言，相对其他金融工具，信用证具有节约资本、融资有自偿性、标准化程度高、贸易背景真实、利于防控风险等优势；对中国人民银行而言，可以利用信用证数据，进行定向、精准投放资金，为中小银行、中小企业纾困；对银行间市场、交易所市场而言，提供背景真实、信息透明、供需直接对接、全程可追踪的公平交易环境。

## （二）电证系统，打造数字化时代新生态

金融科技正在重塑贸易流程各参与方的行为模式，各参与方要充分利用新科技整合多方数据，向数字化转型升级，以打造各自核心竞争力，抓住数字化时代和互联网时代为贸易服务带来的机遇。

数字化时代的贸易金融服务，正在把商流、信息流、货物流、资金流相关数据连接起来，构建全量信息的贸易物联网生态系统，这就要求商业银行在业务、流程、技术上不断突破，实施业务经营场景化，打造线上经营平台。对中国人民银行而言，可牵头对接工商、税务、市场监督、征信、司法等政府机构及商业银行、保险公司、证券公司、基金公司、信托公司等金融机构，为开展贸易供应链线上金融服务在国家层面提供基础设施。

电证系统的数字化创新，一是改变了国内信用证传统线下办理模式，实现了业务线上办理、交易集中撮合、业务数据透明等，推进了业务电子化与集中化进程，提升了金融市场效率；二是有效规范了行业准入标准、识别参与者身份、降低支付风险和道德风险，大幅度提高了业务的安全性和透明度，提升了监管效率，并有效防范了通过SWIFT 系统办理国内贸易信用证结算带来的国内贸易与金融信息数据安全风险；三是通过建立集中式业务平台及开放的信息共享机制，提升了国内信用证资产市场流动性，将社会资金供给与实体端融资需求进行高效匹配，提高了金融资源优化配置效率；四是顺应未来新生代对手机、电脑等数字化终端高度依赖的趋势，不断开展电证系统金融服务科技化和数字化创新，提升客户的极致体验。

## （三）电证系统，推动实体经济发展新引擎

随着金融科技应用快速迭代，加速了金融服务颠覆式创新与重塑，呈现出服务效率提高、服务成本减低、风控能力增强、用户体验改善等态势，并推动央行，以及商行、保险、证券、基金、信托等金融机构，依托金融科技日益融合共赢发展，通过共建场景生态、共享平台信息、共同提供数字化金融服务等方式，助推实体经济数字化发展。

新的经济模式正呼唤新的金融服务形式，电证系统是新金融的典型代表，作为金融与科技深度融合的产物，正成为精准、务实推动实体经济发展新引擎。

第一，电证系统推动金融机构服务转型升级。金融服务向数字化转型已经成为所有金融机构特别是银行业和保险业包括大中小机构，共同关注、乐于推动的一种行业趋势。电证系统简化了贸易信用证结算与融资交易环节，共享底层基础信息，提高贸易背景与资金供需的透明度，直通式连接各方，从而推动银行、保险、资管等金融机构实现服务转型升级，为金融业支持实体经济发展赋能。

第二，电证系统成为解决企业融资难、融资贵问题的重要抓手。贸易采用信用证结算方式，本来就是解决贸易双方地位不平等问题的重要手段，电证系统通过集成信用证申请人（买方）、受益人（卖方）、开证行、交单行、福费廷包买行、转卖行、保单、资管计划等数据，并引入工商、税务、征信、物流等第三方数据，使银行等金融机构建立前置化的风控模型成为可能，从而解决了传统直接与间接融资所遇到的问题，大大提高了效率，尤其是可将信用证业务覆盖面推向更多的中小企业，使金融支持实体经济发展更加务实。

第三，电证系统或将成为央行开展定向流动性支持的专门通道。央行致力于疏通货币政策传导，加大金融支持实体经济力度，其中定向降准与再融资是重要手段。相比其他金融工具而言，电证系统相关的国内贸易信用证结算与融资可穿透掌握每笔业务贸易背景，精准识别交易相关的银行与企业，故央行可依托电证系统对信用证业务相关的中小银行、中小企业开展定向降准、再融资，有助于缓解流动性分层、中小银行负债端收缩的困局，在防范风险的前提下精准地支持民营小微企业发展。

# 三、电证系统建设规划

## （一）架构规划

电证系统通过场景化服务与国内信用证相关方建立联系，打造开放的共享金融服务平台，提升贸易交易金融服务协同效率，通过丰富的自助服务功能和增值服务信息，为用户提供最佳的数字化体验。

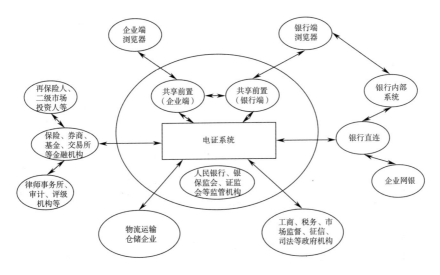

图1　总体架构拓扑图

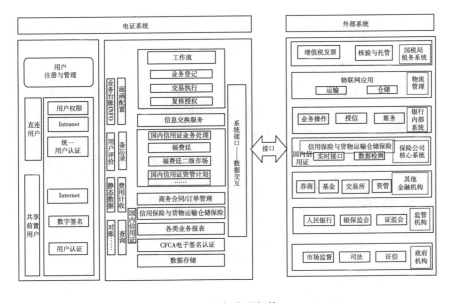

图2　业务应用架构

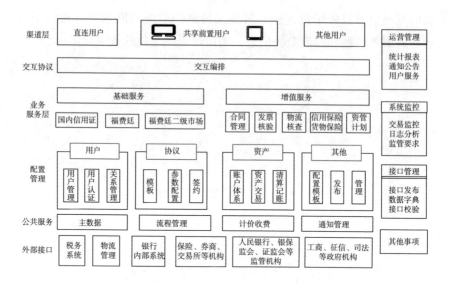

**图 3　技术应用架构**

## （二）建设原则

电证系统在建设过程中，应顺应未来发展趋势，运用最新科技成果，改造与创新国内贸易信用证结算与融资相关的金融产品、经营模式与业务流程等，推动新时代金融服务提质增效。

1. 场景化服务方案与云化服务平台相结合。云化服务平台能够将相关外部接口全面集成，或直接配置云化应用。通过场景化服务方案与云化服务平台相结合，完成信息流、货物流与资金流的闭环，使交易信息、业务数据能够在各参与方之间快速流通，从而为各参与方发挥其专业服务提供支撑。

2. 满足交易流程标准化、风控模式定制化、服务方式智能化。系统提供的交易过程应可视化，即有痕迹、可追溯，数据存储在服务器上，保证不被篡改，同时将交易监控规则镶嵌在交易流程中，实时开展违规交易的甄别、预警和监控，为国内贸易信用证结算与融资业务提供监管方面的合规性报告，并自动检测和分析业务是否符合监管要求，确保各项业务交易合法合规进行。

此外，平台形成的闭环体系提供全面服务，在资金与资产撮合方面，实现信息发布、交易撮合、资金清算等功能，同时通过接入券商、基金公司、资管公司、保险公司、征信、担保公司、银行间市场、交易所市场等机构，利用大数据和定制化的风控模型进行智慧撮合，实现社会资金供给和企业融资需求的信息透明、高效对接。

3. 以用户体验为导向，数据为驱动，互联网为手段，无界运行。运用科技的目的是解决业务问题，为业务赋能，要做到使用简单、界面友好、需求快速响应，追求极致的用户体验。一是靠可以独立更新的微服务；二是靠敏捷开发与迭代；三是靠低耦合度架构；四是靠组件化的思路逐层映射到应用架构、数据架构、基础设施架构中；五是靠业务流程梳理、简化入手，按照互联网思维再造流程；六是通过信息公开、交易对手互评、黑名单制、平台曝光等互联网化管理模式进行约束；七是支持手机移动端操作；等等。

# 四、电证系统电子化操作

## （一）信用证信息交换

信用证信息交换，指依托央行大小额支付清算系统网络，为具有支付系统行号的金融机构提供国内信用证业务数据电文的接收、存储、发送，以及信用证项下资金清算等服务。

该项服务既包括不同法人银行之间的跨行信息交换，也包括同一法人银行不同分支行之间的信息交换。信息交换成功后，电证系统将自动发送处理成功确认报文。

电证系统制定统一的信用证信息交换服务电文标准，该标准涵盖开证、通知、修改、交单、到单确认、承兑/付款/拒付、退单等基本业务，涉及的参与方包括申请人、受益人，电证系统，开证行、通知行、交单行等。

各参与方依托电证系统办理信用证信息交换时，须基于真实的贸易背景，并按照国内信用证监管规定要求开展尽职审查，对通过电证系统交换的信息承担法律责任。

各参与方发生法律纠纷时，应相关当事人要求，电证系统负有出具电证系统中存储的相关信息记录的义务。

### （二）福费廷信息交换

福费廷信息交换，指依托电证系统为参与用户提供国内信用证项下福费廷一级市场与二级市场线上业务办理、信息交换及资金清算等服务。

1. 支持福费廷一级市场办理

电证系统支持银行办理自行买入福费廷业务，提供电子信用证项下福费廷资产登记、款项让渡通知、到期催付、付款和交易终结等信息的跨行交互。

2. 支持福费廷二级市场跨机构流转

电证系统支持不同金融机构进行电子信用证项下福费廷的资产登记和发布、要约发送、磋商与确认、协议签署、款项让渡通知、到期催付、付款和交易终结等信息的跨行交互。

3. 实现福费廷线上资金清算

银行机构可通过电证系统实现福费廷资金的线上清算，解决国内信用证福费廷业务信息和资金信息不匹配的问题。

4. 提供统一标准

电证系统通过制定统一的业务规则和运行规范，为参与机构开办和处理国内信用证福费廷业务提供统一的标准，解决不同机构间业务标准、数据标准和协议文本不统一的弊端，并通过接口方式与电证系统共享前置（银行端）以及银行内部核心系统等进行连接。

### （三）共享前置（银行端）

电证系统共享前置（银行端），指对于自身未建有国内信用证业务处理系统的中小银行，由电证系统提供公共的依托互联网开展的国内信用证业务处理系统服务。

该项服务既包括开证、通知、修改、交单、到单确认、承兑/付款/拒付、退单等国内信用证全流程业务处理服务，也包括办理国内信用证项下打包贷款、卖方押汇、福费廷、议付、买方押汇等融资服务。

该共享前置采用统一的国内信用证及融资业务操作流程和数据标准，并通过接口方式与电证系统以及银行内部核心系统、授信管理系统等进行连接。

### （四）共享前置（企业端）

电证系统共享前置（企业端），指对于自身未建有国内信用证业务处理企业网银的中小银行，由电证系统提供公共的依托互联网开展的国内信用证业务企业网银系统服务。

该项服务既包括开证申请、通知、修改申请、交单、到单、付款等国内信用证业务申请与通知服务，也包括办理国内信用证项下打包贷款、卖方押汇、福费廷、议付、买方押汇等融资申请服务。

该共享前置采用统一的国内信用证及融资业务申请与通知操作流程和数据标准，并通过接口方式与电证系统共享前置（银行端）以及银行内部客户管理系统、核心系统、授信管理系统等进行连接，从而实现国内信用证业务银企直连直通式处理。

### （五）商务合同管理

电证系统商务合同管理，指电证系统依托互联网为国内信用证申请人与受益人，作为基础贸易交易买方与卖方签署商务合同或买方向卖方下发订单提供标准化的商务合同（含订单，下同）管理服务。

该项服务既包括买卖双方对商务合同进行磋商、接受、订立、修改、查询等合同签署服务，也包括买方直接向卖方下订单等服务。

商务合同管理采用统一的合同订立或订单下发操作流程和数据标准，并通过接口方式与电证系统共享前置（企业端）以及银行企业网银等进行连接，当企业申请开证时，只要录入合同号即可自动抓取相关信息，生成信用证开立申请书或信用证修改申请书。

## （六）智能机器人审单

电证系统提供智能机器人审单服务，指电证系统通过运用影像转文字识别技术、大数据分析技术、人工智能技术等，为交单行、开证行、保兑行等金融机构提供机器人自动审单服务，即电证系统将单据数据项进行分解后，自动开展单据与信用证条款之间、单据与单据之间进行比对，识别单据有无不符点。

电证系统通过机器学习审单规则、人工智能数据分析，实现对单证一致、单单一致、表面相符进行自动分析判定，经识别与分拣后，以警报或启动特别调查程序方式，提示哪些单据需审单人员人工介入审核。

该项服务极大提高了单据处理效率，特别是通过"反向分析"，将无风险或极低风险单据直接按相符单据处理，只有在系统提示时才进行人工干预。

## （七）发票核验

电证系统发票核验，指电证系统通过国家税务总局专门接口，对国内信用证相关的增值税发票，提供核验、二次复查、打标记等服务。

该项服务既包括信用证项下电子交单自动核验发票、二次复查，也包括按照国内信用证操作要求在发票联打上"已办理交单"戳记并注明交单日期及交单行名称。

电证系统为发票核验制定统一的操作流程和数据标准，并通过接口方式与电证系统共享前置（银行端）或银行直连系统等进行连接。

## （八）在线投保

电证系统在线投保，指依托互联网为投保人通过电证系统保险服务模块，提供国内信用证开证行履约保证保险、信用保险以及货物运输保险、仓储财产保险等投保服务。

该项服务既包括投保、核保、缴费出单、批改、预损通知、索赔、定核损、单证收集、理算核赔、结案等全流程电子化操作服务，也包括将投保服务嵌入国内信用证、福费廷及二级市场、应收账款债权资产管理计划等交易流程。

电证系统为在线投保制定统一的操作流程和数据标准，并通过接口方式与保险公司核心系统、电证系统共享前置（银行端、企业端）、银行国内信用证业务处理系统等进行连接。

### （九）应收账款债权资产管理计划

电证系统应收账款债权资产管理计划，指依托互联网为银行作为代理人或委托人，通过电证系统提供国内信用证应收账款债权专项资产管理计划业务办理服务。

该项服务既包括券商或基金公司作为计划管理人报价、银行作为专项计划代理人报价、受益人接受报价并办理资产预约，也包括计划管理人、律师事务所及评级机构对入池资产进行在线审核和协议签署、发送款项让渡通知、收付款、资产赎回等服务。

电证系统应收账款债权资产管理计划制定统一的操作流程、标准的协议文本和数据标准，并通过接口方式与电证系统共享前置（银行端）以及银行内部核心系统等进行连接。

### （十）定向再融资

电证系统定向再融资，指央行利用电证系统数据，以再融资等方式进行定向、精准的资金投放，为中小银行、中小企业纾困，从而精准地支持民营小微企业发展，加大金融支持实体经济力度。

该项服务既包括央行为中小企业已办理的国内信用证融资后提供再融资服务，也包括央行通过福费廷二级市场直接买入福费廷资产或通过证券市场买入国内信用证应收账款债权资产管理计划。

电证系统为定向再融资制定公开透明的再融资条件、统一的操作流程、标准化的协议文本和数据标准，并通过接口方式与央行相关系统、电证系统共享前置（银行端）、银行直连系统等进行连接。

## （十一）监管数据

电证系统监管数据，指电证系统向银保监会、证监会及中国人民银行相关部门等金融监管机构提供定制化监管数据服务。

该项服务既包括为监管机构提供电证系统参与者身份信息、交易数据信息、交易关联性数据等服务，也包括提供电证系统设置的自动风险控制识别预警信息、可疑数据信息等，提高监管效率，防范国内信用证交易风险。

电证系统为监管数据制定统一的数据字典、数据标准和报送规则，并通过接口方式与银保监会、证监会及中国人民银行相关监管系统进行连接。

# 第五章

## 法规与惯例

本章主要提供国内信用证及福费廷相关的监管规定、行业规则、业务指引和司法解释等业务办理需遵守的法规与惯例。

# 中国人民银行 中国银行业监督管理委员会 公告

## 〔2016〕 第 10 号

为更好地适应国内贸易发展需要，促进国内信用证业务健康发展，规范业务操作及防范风险，保护当事人合法权益，中国人民银行、中国银行业监督管理委员会修订了《国内信用证结算办法》，现予公布实施。原《国内信用证结算办法》和《信用证会计核算手续》（银发〔1997〕265 号文印发）同时废止。

## 国内信用证结算办法

### 第一章 总 则

**第一条** 为适应国内贸易活动需要，促进经济发展，依据《中华人民共和国中国人民银行法》、《中华人民共和国银行业监督管理法》、《中华人民共和国商业银行法》以及有关法律法规，制定本办法。

**第二条** 本办法所称国内信用证（以下简称信用证），是指银行（包括政策性银行、商业银行、农村合作银行、村镇银行和农村信用社）依照申请人的申请开立的、对相符交单予以付款的承诺。

前款规定的信用证是以人民币计价、不可撤销的跟单信用证。

**第三条** 本办法适用于银行为国内企事业单位之间货物和服务贸易提供的信用证服务。服务贸易包括但不限于运输、旅游、咨询、通讯、建筑、保险、金融、计算机和信息、专有权利使用和特许、广告宣传、电影音像等服务项目。

**第四条** 信用证业务的各方当事人应当遵守中华人民共和国的法律、法规以及本办法的规定，遵守诚实信用原则，认真履行义务，不得利用信用证进行欺诈等违法犯罪活动，不得损害社会公共利益。

**第五条** 信用证的开立和转让，应当具有真实的贸易背景。

**第六条** 信用证只限于转账结算，不得支取现金。

**第七条** 信用证与作为其依据的贸易合同相互独立，即使信用证含有对此类合同的任何援引，银行也与该合同无关，且不受其约束。

银行对信用证作出的付款、确认到期付款、议付或履行信用证项下其他义务的承诺，不受申请人与开证行、申请人与受益人之间关系而产生的任何请求或抗辩的制约。

受益人在任何情况下，不得利用银行之间或申请人与开证行之间的契约关系。

**第八条** 在信用证业务中，银行处理的是单据，而不是单据所涉及的货物或服务。

## 第二章　定　义

**第九条** 信用证业务当事人

（一）申请人指申请开立信用证的当事人，一般为货物购买方或服务接受方。

（二）受益人指接受信用证并享有信用证权益的当事人，一般为货物销售方或服务提供方。

（三）开证行指应申请人申请开立信用证的银行。

（四）通知行指应开证行的要求向受益人通知信用证的银行。

（五）交单行指向信用证有效地点提交信用证项下单据的银行。

（六）转让行指开证行指定的办理信用证转让的银行。

（七）保兑行指根据开证行的授权或要求对信用证加具保兑的银行。

（八）议付行指开证行指定的为受益人办理议付的银行，开证行应指定一家或任意银行作为议付信用证的议付行。

**第十条** 信用证的有关日期和期限

（一）开证日期指开证行开立信用证的日期。信用证未记载生效日的，开证日期即为信用证生效日期。

（二）有效期指受益人向有效地点交单的截止日期。

（三）最迟货物装运日或服务提供日指信用证规定的货物装运或服务提供的截止日期。最迟货物装运日或服务提供日不得晚于信用证有效期。信用证未作规定的，有效期视为最迟货物装运日或服务提供日。

（四）付款期限指开证行收到相符单据后，按信用证条款规定进行付款的期限。信用证按付款期限分为即期信用证和远期信用证。

即期信用证，开证行应在收到相符单据次日起五个营业日内付款。

远期信用证，开证行应在收到相符单据次日起五个营业日内确认到期付款，并在到期日付款。远期的表示方式包括：单据日后定期付款、见单后定期付款、固定日付款等可确定到期日的方式。信用证付款期限最长不超过一年。

（五）交单期指信用证项下所要求的单据提交到有效地的有效期限，以当次货物装运日或服务提供日开始计算。未规定该期限的，默认为货物装运日或服务提供日后十五天。任何情况下，交单不得迟于信用证有效期。

**第十一条** 信用证有效地点

信用证有效地点指信用证规定的单据提交地点，即开证行、保兑行（转让行、议付行）所在地。如信用证规定有效地点为保兑行（转让行、议付行）所在地，则开证行所在地也视为信用证有效地点。

**第十二条** 转运、分批装运或分次提供服务、分期装运或分期提供服务

（一）转运指信用证项下货物在规定的装运地（港到卸货地、港）的运输途中，将货物从一运输工具卸下再装上另一运输工具。

（二）分批装运或分次提供服务指信用证规定的货物或服务在信用证规定的数量、内容或金额内部分或分次交货或部分或分次提供。

（三）分期装运或分期提供服务指信用证规定的货物或服务在信用证规定的分期时间表内装运或提供。任何一期未按信用证规定期限装运或提供的，信用证对该期及以后各期均告失效。

## 第三章　信用证业务办理

### 第一节　开　证

**第十三条**　开证

银行与申请人在开证前应签订明确双方权利义务的协议。开证行可要求申请人交存一定数额的保证金，并可根据申请人资信情况要求其提供抵押、质押、保证等合法有效的担保。

开证申请人申请开立信用证，须提交其与受益人签订的贸易合同。

开证行应根据贸易合同及开证申请书等文件，合理、审慎设置信用证付款期限、有效期、交单期、有效地点。

**第十四条**　信用证的基本条款

信用证应使用中文开立，记载条款包括：

（一）表明"国内信用证"的字样。

（二）开证申请人名称及地址。

（三）开证行名称及地址。

（四）受益人名称及地址。

（五）通知行名称。

（六）开证日期。开证日期格式应按年、月、日依次书写。

（七）信用证编号。

（八）不可撤销信用证。

（九）信用证有效期及有效地点。

（十）是否可转让。可转让信用证须记载"可转让"字样并指定一家转让行。

（十一）是否可保兑。保兑信用证须记载"可保兑"字样并指定一家保兑行。

（十二）是否可议付。议付信用证须记载"议付"字样并指定一家或任意银行作为议付行。

（十三）信用证金额。金额须以大、小写同时记载。

（十四）付款期限。

（十五）货物或服务描述。

（十六）溢短装条款（如有）。

（十七）货物贸易项下的运输交货或服务贸易项下的服务提供条款。

货物贸易项下运输交货条款：

1. 运输或交货方式。

2. 货物装运地（港），目的地、交货地（港）。

3. 货物是否分批装运、分期装运和转运，未作规定的，视为允许货物分批装运和转运。

4. 最迟货物装运日。

服务贸易项下服务提供条款：

1. 服务提供方式。

2. 服务提供地点。

3. 服务是否分次提供、分期提供，未作规定的，视为允许服务分次提供。

4. 最迟服务提供日。

5. 服务贸易项下双方认为应记载的其他事项。

（十八）单据条款，须注明据以付款或议付的单据，至少包括发票，表明货物运输或交付、服务提供的单据，如运输单据或货物收据、服务接受方的证明或服务提供方或第三方的服务履约证明。

（十九）交单期。

（二十）信用证项下相关费用承担方。未约定费用承担方时，由业务委托人或申请人承担相应费用。

（二十一）表明"本信用证依据《国内信用证结算办法》开立"的开证行保证文句。

（二十二）其他条款。

**第十五条** 信用证开立方式

开立信用证可以采用信开和电开方式。信开信用证，由开证行加盖业务用章（信用证专用章或业务专用章，下同），寄送通知行，同时应视情况需要以双方认可的方式证实信用证的真实有效性；电开信用证，由开证行以数据电文发送通知行。

**第十六条** 开证行的义务

开证行自开立信用证之时起，即受信用证内容的约束。

第二节 保 兑

**第十七条** 保兑是指保兑行根据开证行的授权或要求，在开证行承诺之外做出的对相符交单付款、确认到期付款或议付的确定承诺。

**第十八条** 保兑行自对信用证加具保兑之时起即不可撤销地承担对相符交单付款、确认到期付款或议付的责任。

**第十九条** 指定银行拒绝按照开证行授权或要求对信用证加具保兑时，应及时通知开证行，并可仅通知信用证而不加具保兑。

**第二十条** 开证行对保兑行的偿付义务不受开证行与受益人关系的约束。

第三节 修 改

**第二十一条** 信用证的修改

（一）开证申请人需对已开立的信用证内容修改的，应向开证行提出修改申请，明确修改的内容。

（二）增额修改的，开证行可要求申请人追加增额担保；付款期限修改的，不得超过本办法规定的信用证付款期限的最长期限。

（三）开证行发出的信用证修改书中应注明本次修改的次数。

（四）信用证受益人同意或拒绝接受修改的，应提供接受或拒绝修改的通知。如果受益人未能给予通知，当交单与信用证以及尚未接受的修改的要求一致时，即视为受益人已做出接受修改的通知，并且该信用证修改自此对受益人形成约束。

对同一修改的内容不允许部分接受，部分接受将被视作拒绝接受修改。

（五）开证行自开出信用证修改书之时起，即不可撤销地受修改内容的约束。

**第二十二条**　保兑行有权选择是否将其保兑扩展至修改。保兑行将其保兑扩展至修改的，自作出此类扩展通知时，即不可撤销地受其约束；保兑行不对修改加具保兑的，应及时告知开证行并在给受益人的通知中告知受益人。

第四节　通　知

**第二十三条**　信用证及其修改的通知

（一）通知行的确定。

通知行可由开证申请人指定，如开证申请人没有指定，开证行有权指定通知行。通知行可自行决定是否通知。通知行同意通知的，应于收到信用证次日起三个营业日内通知受益人；拒绝通知的，应于收到信用证次日起三个营业日内告知开证行。

开证行发出的信用证修改书，应通过原信用证通知行办理通知。

（二）通知行的责任。

1. 通知行收到信用证或信用证修改书，应认真审查内容表面是否完整、清楚，核验开证行签字、印章、所用密押是否正确等表面真实性，或另以电讯方式证实。核验无误的，应填制信用证通知书或信用证修改通知书，连同信用证或信用证修改书正本交付受益人。

通知行通知信用证或信用证修改的行为，表明其已确信信用证或修改的表面真实性，而且其通知准确反映了其收到的信用证或修改的内容。

2. 通知行确定信用证或信用证修改书签字、印章、密押不符的，应即时告知开证行；表面内容不清楚、不完整的，应即时向开证行查询补正。

3. 通知行在收到开证行回复前，可先将收到的信用证或信用证修改书通知受益人，并在信用证通知书或信用证修改通知书上注明该通知仅供参考，通知行不负任何责任。

**第二十四条** 开证行应于收到通知行查询次日起两个营业日内，对通知行做出答复或提供其所要求的必要内容。

**第二十五条** 通知行应于收到受益人同意或拒绝修改通知书次日起三个营业日内告知开证行，在受益人告知通知行其接受修改或以交单方式表明接受修改之前，原信用证（或含有先前被接受的修改的信用证）条款对受益人仍然有效。

开证行收到通知行发来的受益人拒绝修改的通知，信用证视为未做修改，开证行应于收到通知次日起两个营业日内告知开证申请人。

### 第五节 转 让

**第二十六条** 转让是指由转让行应第一受益人的要求，将可转让信用证的部分或者全部转为可由第二受益人兑用。

可转让信用证指特别标注"可转让"字样的信用证。

**第二十七条** 对于可转让信用证，开证行必须指定转让行，转让行可为开证行。转让行无办理信用证转让的义务，除非其明确同意。转让行仅办理转让，并不承担信用证项下的付款责任，但转让行是保兑行或开证行的除外。

**第二十八条** 可转让信用证只能转让一次，即只能由第一受益人转让给第二受益人，已转让信用证不得应第二受益人的要求转让给任何其后的受益人，但第一受益人不视为其后的受益人。

已转让信用证指已由转让行转为可由第二受益人兑用的信用证。

**第二十九条** 第二受益人拥有收取转让后信用证款项的权利并承担相应的义务。

**第三十条** 已转让信用证必须转载原证条款，包括保兑（如有），但下列项目除外：

可用第一受益人名称替代开证申请人名称；如果原信用证特别要

求开证申请人名称应在除发票以外的任何单据中出现时，转让行转让信用证时须反映该项要求。

信用证金额、单价可以减少，有效期、交单期可以缩短，最迟货物装运日或服务提供日可以提前。

投保比例可以增加。

有效地点可以修改为转让行所在地。

**第三十一条　转让交单**

（一）第一受益人有权以自己的发票替换第二受益人的发票后向开证行或保兑行索偿，以支取发票间的差额，但第一受益人以自己的发票索偿的金额不得超过原信用证金额。

（二）转让行应于收到第二受益人单据次日起两个营业日内通知第一受益人换单，第一受益人须在收到转让行换单通知次日起五个营业日内且在原信用证交单期和有效期内换单。

（三）若第一受益人提交的发票导致了第二受益人的交单中本不存在的不符点，转让行应在发现不符点的下一个营业日内通知第一受益人在五个营业日内且在原信用证交单期和有效期内修正。

（四）如第一受益人未能在规定的期限内换单，或未对其提交的发票导致的第二受益人交单中本不存在的不符点予以及时修正的，转让行有权将第二受益人的单据随附已转让信用证副本、信用证修改书副本及修改确认书（如有）直接寄往开证行或保兑行，并不再对第一受益人承担责任。

开证行或保兑行将依据已转让信用证副本、信用证修改书副本及修改确认书（如有）来审核第二受益人的交单是否与已转让信用证相符。

（五）第二受益人或者代表第二受益人的交单行的交单必须交给转让行，信用证另有规定的除外。

**第三十二条　部分转让**

若原信用证允许分批装运或分次提供服务，则第一受益人可将信用证部分或全部转让给一个或数个第二受益人，并由第二受益人分批装运或分次提供服务。

**第三十三条**　第一受益人的任何转让要求须说明是否允许以及在何条件下允许将修改通知第二受益人。已转让信用证须明确说明该项条款。

如信用证转让的第二受益人为多名，其中一名或多名第二受益人对信用证修改的拒绝不影响其他第二受益人接受修改。对接受者而言，该已转让信用证即被相应修改，而对拒绝修改的第二受益人而言，该信用证未被修改。

**第三十四条**　开证行或保兑行对第二受益人提交的单据不得以索款金额与单价的减少，投保比例的增加，以及受益人名称与原信用证规定的受益人名称不同而作为不符交单予以拒付。

转让行应在收到开证行付款、确认到期付款函（电）次日起两个营业日内对第二受益人付款、发出开证行已确认到期付款的通知。

转让行可按约定向第一受益人收取转让费用，并在转让信用证时注明须由第二受益人承担的费用。

第六节　议　付

**第三十五条**　议付指可议付信用证项下单证相符或在开证行或保兑行已确认到期付款的情况下，议付行在收到开证行或保兑行付款前购买单据、取得信用证项下索款权利，向受益人预付或同意预付资金的行为。

议付行审核并转递单据而没有预付或没有同意预付资金不构成议付。

**第三十六条**　信用证未明示可议付，任何银行不得办理议付；信用证明示可议付，如开证行仅指定一家议付行，未被指定为议付行的银行不得办理议付，被指定的议付行可自行决定是否办理议付。

保兑行对以其为议付行的议付信用证加具保兑，在受益人请求议付时，须承担对受益人相符交单的议付责任。

指定议付行非保兑行且未议付时，保兑行仅承担对受益人相符交单的付款责任。

**第三十七条** 受益人可对议付信用证在信用证交单期和有效期内向议付行提示单据、信用证正本、信用证通知书、信用证修改书正本及信用证修改通知书（如有），并填制交单委托书和议付申请书，请求议付。

议付行在受理议付申请的次日起五个营业日内审核信用证规定的单据并决定议付的，应在信用证正本背面记明议付日期、业务编号、议付金额、到期日并加盖业务用章。

议付行拒绝议付的，应及时告知受益人。

**第三十八条** 索偿

议付行将注明付款提示的交单面函（寄单通知书）及单据寄开证行或保兑行索偿资金。除信用证另有约定外，索偿金额不得超过单据金额。

开证行、保兑行负有对议付行符合本办法的议付行为的偿付责任，该偿付责任独立于开证行、保兑行对受益人的付款责任并不受其约束。

**第三十九条** 追索权的行使

议付行议付时，必须与受益人书面约定是否有追索权。若约定有追索权，到期不获付款议付行可向受益人追索。若约定无追索权，到期不获付款议付行不得向受益人追索，议付行与受益人约定的例外情况或受益人存在信用证欺诈的情形除外。

保兑行议付时，对受益人不具有追索权，受益人存在信用证欺诈的情形除外。

### 第七节　寄单索款

**第四十条** 受益人委托交单行交单，应在信用证交单期和有效期内填制信用证交单委托书，并提交单据和信用证正本及信用证通知书、信用证修改书正本及信用证修改通知书（如有）。交单行应在收单次日起五个营业日内对其审核相符的单据寄单。

**第四十一条** 交单行应合理谨慎地审查单据是否相符，但非保兑行的交单行对单据相符性不承担责任，交单行与受益人另有约定的除外。

**第四十二条**　交单行在交单时，应附寄一份交单面函（寄单通知书），注明单据金额、索偿金额、单据份数、寄单编号、索款路径、收款账号、受益人名称、申请人名称、信用证编号等信息，并注明此次交单是在正本信用证项下进行并已在信用证正本背面批注交单情况。

受益人直接交单时，应提交信用证正本及信用证通知书、信用证修改书正本及信用证修改通知书（如有）、开证行（保兑行、转让行、议付行）认可的身份证明文件。

**第四十三条**　交单行在确认受益人交单无误后，应在发票的"发票联"联次批注"已办理交单"字样或加盖"已办理交单"戳记，注明交单日期及交单行名称。

交单行寄单后，须在信用证正本背面批注交单日期、交单金额和信用证余额等交单情况。

## 第八节　付　款

**第四十四条**　开证行或保兑行在收到交单行寄交的单据及交单面函（寄单通知书）或受益人直接递交的单据的次日起五个营业日内，及时核对是否为相符交单。单证相符或单证不符但开证行或保兑行接受不符点的，对即期信用证，应于收到单据次日起五个营业日内支付相应款项给交单行或受益人（受益人直接交单时，本节下同）；对远期信用证，应于收到单据次日起五个营业日内发出到期付款确认书，并于到期日支付款项给交单行或受益人。

**第四十五条**　开证行或保兑行付款后，应在信用证相关业务系统或信用证正本或副本背面记明付款日期、业务编号、来单金额、付款金额、信用证余额，并将信用证有关单据交开证申请人或寄开证行。

若受益人提交了相符单据或开证行已发出付款承诺，即使申请人交存的保证金及其存款账户余额不足支付，开证行仍应在规定的时间内付款。对申请人提供抵押、质押、保函等担保的，按《中华人民共和国担保法》、《中华人民共和国物权法》的有关规定索偿。

**第四十六条** 开证行或保兑行审核单据发现不符并决定拒付的，应在收到单据的次日起五个营业日内一次性将全部不符点以电子方式或其他快捷方式通知交单行或受益人。如开证行或保兑行未能按规定通知不符点，则无权宣称交单不符。

开证行或保兑行审核单据发现不符并拒付后，在收到交单行或受益人退单的要求之前，开证申请人接受不符点的，开证行或保兑行独立决定是否付款、出具到期付款确认书或退单；开证申请人不接受不符点的，开证行或保兑行可将单据退交单行或受益人。

**第四十七条** 开证行或保兑行拒付时，应提供书面拒付通知。拒付通知应包括如下内容：

（一）开证行或保兑行拒付。

（二）开证行或保兑行拒付所依据的每一个不符点。

（三）开证行或保兑行拒付后可选择以下意见处理单据：

1. 开证行或保兑行留存单据听候交单行或受益人的进一步指示。

2. 开证行留存单据直到其从开证申请人处收到放弃不符点的通知并同意接受该放弃，或者其同意接受对不符点的放弃之前从交单行或受益人处收到进一步指示。

3. 开证行或保兑行将退回单据。

4. 开证行或保兑行将按之前从交单行或受益人处获得的指示处理。

**第四十八条** 开证行或保兑行付款后，对受益人不具有追索权，受益人存在信用证欺诈的情形除外。

### 第九节 注 销

**第四十九条** 信用证注销是指开证行对信用证未支用的金额解除付款责任的行为。

（一）开证行、保兑行、议付行未在信用证有效期内收到单据的，开证行可在信用证逾有效期一个月后予以注销。具体处理办法由各银行自定。

（二）其他情况下，须经开证行、已办理过保兑的保兑行、已办理过议付的议付行、已办理过转让的转让行与受益人协商同意，或受益人、上述保兑行（议付行、转让行）声明同意注销信用证，并与开证行就全套正本信用证收回达成一致后，信用证方可注销。

## 第四章　单据审核标准

**第五十条**　银行收到单据时，应仅以单据本身为依据，认真审核信用证规定的所有单据，以确定是否为相符交单。

相符交单指与信用证条款、本办法的相关适用条款、信用证审单规则及单据之内、单据之间相互一致的交单。

**第五十一条**　银行只对单据进行表面审核。

银行不审核信用证没有规定的单据。银行收到此类单据，应予退还或将其照转。

如信用证含有一项条件，却未规定用以表明该条件得到满足的单据，银行将视为未作规定不予理会，但提交的单据中显示的相关信息不得与上述条件冲突。

**第五十二条**　信用证要求提交运输单据、保险单据和发票以外的单据时，应对单据的出单人及其内容作出明确规定。未作规定的，只要所提交的单据内容表面形式满足单据功能且与信用证及其他规定单据不矛盾，银行可予接受。

除发票外，其他单据中的货物或服务或行为描述可使用统称，但不得与信用证规定的描述相矛盾。

发票须是税务部门统一监制的原始正本发票。

**第五十三条**　信用证要求某种单据提交多份的，所提交的该种单据中至少应有一份正本。

除信用证另有规定外，银行应将任何表面上带有出单人的原始签名或印章的单据视为正本单据（除非单据本身表明其非正本），但此款不适用于增值税发票或其他类型的税务发票。

**第五十四条**　所有单据的出单日期均不得迟于信用证的有效期、

交单期截止日以及实际交单日期。

受益人和开证申请人的开户银行、账号和地址出现在任何规定的单据中时，无须与信用证或其他规定单据中所载相同。

第五十五条　信用证审单规则由行业协会组织会员单位拟定并推广执行。行业协会应根据信用证业务开展实际，适时修订审单规则。

## 第五章　附　则

第五十六条　信用证凭证、信用证修改书、交单面函（寄单通知书）等格式、联次由行业协会制定并推荐使用，各银行参照其范式制作。

第五十七条　银行办理信用证业务的各项手续费收费标准，由各银行按照服务成本、依据市场定价原则制定，并遵照《商业银行服务价格管理办法》（中国银监会　国家发展改革委令 2014 年第 1 号）相关要求向客户公示并向管理部门报告。

第五十八条　本办法规定的各项期限的计算，适用民法通则关于计算期间的规定。期限最后一日是法定节假日的，顺延至下一个营业日，但信用证规定的装运日或服务提供日不得顺延。

本办法规定的营业日指可办理信用证业务的银行工作日。

第五十九条　本办法由中国人民银行会同中国银行业监督管理委员会解释。

第六十条　本办法自 2016 年 10 月 8 日起施行。

# 中国支付清算协会　中国银行业协会关于印发《国内信用证审单规则》的公告

## 〔2016〕第 11 号

依据中国人民银行、中国银行业监督管理委员会发布的《国内信用证结算办法》（中国人民银行　中国银行业监督管理委员会公告〔2016〕第 10 号），为统一国内信用证项下单据审核标准，推动国内信用证业务健康发展，中国支付清算协会、中国银行业协会制定了《国内信用证审单规则》，并经中国支付清算协会第三届常务理事会第一次会议、中国银行业协会第七届理事会第九次会议审议通过，现予以公布，并自 2016 年 10 月 8 日起施行。

## 国内信用证审单规则

### 第一章　总　则

**第一条**　为推动国内信用证业务的健康发展，为信用证业务相关方提供统一的审单操作规范，根据《国内信用证结算办法》（中国人民银行　中国银行业监督管理委员会公告〔2016〕第 10 号），制定本规则。

**第二条**　本规则所称国内信用证（以下简称"信用证"），是指银行依照申请人的申请开立的、对相符交单予以付款的承诺。

前款规定的信用证是以人民币计价、不可撤销的跟单国内信用证。

前款规定的银行包括政策性银行、商业银行、农村合作银行、村镇银行和农村信用社。

第三条　本规则适用于银行为国内企事业单位之间货物和服务贸易（以下统称贸易）提供的信用证审单服务，除信用证有明确修改或排除，本规则各条款对信用证所有当事人均具有约束力。

## 第二章　审单基本原则

第四条　信用证与作为其依据的贸易合同相互独立，即使信用证含有对此类合同的任何援引，银行也与该合同无关，且不受其约束。

银行对信用证做出的付款、确认到期付款、议付或履行信用证项下其他义务的承诺，不受申请人与开证行、申请人与受益人之间关系而产生的任何请求或抗辩的制约。

受益人在任何情况下，不得利用银行之间或申请人与开证行之间的契约关系。

第五条　在信用证业务中，银行处理的是单据，而不是单据所涉及的货物或服务。

第六条　银行收到单据时，应仅以单据本身为依据，认真审核信用证规定的所有单据，以确定是否为相符交单。

相符交单指与信用证条款、《国内信用证结算办法》及本规则的相关适用条款及单据之内、单据之间相互一致的交单。

第七条　信用证项下单据应使用中文出具，银行不审核非中文文字表述内容，第二十四条关于缩略语、第二十九条关于唛头以及信用证另有规定的除外。

第八条　银行只对单据进行表面审核，对任何单据的形式、充分性、准确性、内容真实性、虚假性或法律效力，或对单据中规定或添加的一般或特殊条件，银行不承担责任；对任何单据所代表的货物或服务的描述、数量、重量、品质、状况、包装、交付、价值或存在与否，或对发货人、承运人、货运代理人、收货人、货物的保险人或其他任何人的诚信与否、作为或不作为、清偿能力、履约或资信状况，银行不承担责任。

**第九条** 银行不审核信用证未规定的单据。银行收到此类单据，应退还或将其照转，银行对此不负责任。

如信用证含有一项条件，却未规定用以表明该条件得到满足的单据，银行将视为未作规定不予理会，但提交的单据中显示的相关信息不得与上述条件冲突。

**第十条** 对由于任何电报、信函或单据邮递过程中发生延误、遗失所造成的后果，或者电讯传递过程中发生的差错，银行不承担责任。

**第十一条** 对于因特大水灾、地震等不可抗力而中断营业导致的一切后果，银行不承担责任。除经开证行特别授权外，银行恢复营业后，对于在营业中断期间逾交单期或有效期的信用证，将不再据以议付或付款。

## 第三章　审单基本规则

**第十二条** 信用证要求某种单据提交多份，但未明确正本份数的，则所提交的该种单据中至少应有一份正本。

除信用证另有规定外，银行应将任何表面上带有出单人原始签名或印章的单据视为正本单据（除非单据本身表明其非正本），但此款不适用于增值税发票或其他类型的税务发票。

**第十三条** 单据的多份正本可注明为"正本"、"第二联"、"第三联"、"第一正本"、"第二正本"等。上述任一注明均可接受。

提交单据的正本数量须至少为信用证要求的数量，或当单据自身注明了已出具的正本数量且该数量大于信用证要求的数量时，应当提交该单据注明的正本数量，第五十二条第二款规定的情形除外。

当从信用证条款难以确定要求提交正本单据还是副本单据时，可作如下处理。

例如，当信用证要求：

（一）"公路运单"、"一份公路运单"或"公路运单一份"或类似表述时，应理解为要求一份正本公路运单；

（二）"公路运单四份"或类似表述，应理解为提交至少一份正本公路运单，其余任何份数用副本公路运单即满足要求，除非单据本身另有说明。

本规则所提到的运输单据是指第五章至第七章中所提到的单据类型。

**第十四条**　如果信用证要求提交单据的副本，提交正本或副本均可。当不接受正本代替副本时，信用证须规定禁止提交正本。

例如，应标明"货物收据复印件——不接受用正本代替复印件"，或类似表述。当信用证要求提交运输单据副本，并对全部正本的处置作出了指示时，提交运输单据正本将不被接受。

单据副本无须签字或盖章。

**第十五条**　信用证要求提交运输单据、保险单据和发票以外的单据时，应对单据的出单人及内容作出明确规定。未作规定的，只要所提交的单据内容表面满足单据功能且与信用证及其他规定单据不矛盾，银行应予接受。

除发票外，其他单据中的货物或服务描述可使用统称，但不得与信用证规定的描述相矛盾。

发票须是税务部门统一监制的原始正本发票。

**第十六条**　所有单据的出具日期均不得迟于信用证的有效期、交单期截止日以及实际交单日期。分析证明、检验证明和发运前检验证明的出具日期都可以晚于装运日期。但是，如果信用证要求一份单据证明发运前或服务提供前发生的事件（例如发运前检验证明），则该单据须通过标题或内容来表明该事件（例如检验）发生在发运日之前或发运日当天。

**第十七条**　如信用证使用下列表述来表示某个日期或事件的前后时间，适用如下解释：

（一）"不迟于……之后2日"非指一段期间，而是指最迟日期。

（二）"至少在……之前2日"指某一行为或事件不得晚于该日期

或事件前 2 日发生。该行为或事件最早可以何时发生则无限制。

**第十八条** 日期书写顺序应按年月日的顺序进行书写，可用不同的格式表示。例如，2016 年 11 月 12 日、二〇一三年十一月十二日、2016.11.12、2016/11/12。只要该表述的日期能够从该单据或提交的其他单据中确定该单据上表示的日期，各种书写格式均可接受。

**第十九条** 开证行/保兑行在收到交单行寄交的单据及交单面函/寄单通知书或受益人直接递交的单据的次日起五个营业日内，及时核对是否为相符交单。

本规则规定的各项期限的计算，适用民法通则关于计算期间的规定。期限最后一天是法定休假日的，顺延至法定休假日的次个营业日，但信用证规定的装运日或服务提供日不得顺延。

本规则所称营业日指可办理信用证业务的银行工作日。

**第二十条** 受益人和开证申请人的开户银行、账号和地址出现在任何规定的单据中时，无须与信用证或其他规定单据中所载相同。

联络细节（电话、传真、电子邮件等）作为受益人和申请人地址信息的一部分时可被忽略。

但是，如果申请人的地址和联络细节是运输单据上的收货人或通知方细节的一部分时，应与信用证规定的相同。

**第二十一条** 在任何单据中注明的托运人或发货人无须为信用证的受益人。

**第二十二条** 运输单据可以由任何人出具，无须为承运人、船东、船长或租船人，只要其符合本规则第五至七章的要求。

**第二十三条** 如果信用证要求单据由某具名个人或实体出具，则该单据须看似由该具名个人或实体或其代理人完成并签字且盖章，如为个人可仅签字。

**第二十四条** 信用证中使用的缩略语，可以在单据中用来代替词语；信用证中未使用的缩略语，则在单据中不可使用。

斜线（"/"）、顿号（"、"）和逗号（","）有多种不同的含义，如果使用了斜线、顿号或逗号，须能够通过上下文确定其含义。例如，信用证中规定的条件为"红色/黑色/蓝色"，且未做进一步澄清，这将表示颜色可以仅为红色，或仅为黑色，或仅为蓝色，或是它们的任意组合。顿号（"、"）和逗号（"，"）同理。

**第二十五条** 单据中内容的更正和更改须看似经出单人或其代理人证实（或证明，下同）。证实须表明证实人的名称，并由其签字并盖章。若出单人为个人，可仅签字。

如果证实看似并非由单据出单人所为，则该证实须清楚地表明证实人系以何身份证实单据的修改。

对履行过法定手续或载有证实等单据的修改须看似经该法定手续实施人或证实人证实。

同一份单据内使用多种字体、字号或手写，其本身并不意味着是更正或更改。

当一份单据包含不止一处更正或更改时，须对每一处修改作出单独证实，或者以适当的方式使一项证实与所有修改相关联。例如，如果一份单据显示出有标为1，2，3的三处修改，则使用类似"上述编号为1，2，3的更正经×××授权"的声明即满足证实的要求。

本条款不适用于发票。

**第二十六条** 如提交的单据显示数学计算，银行仅确定所显示有关标准方面的总量，如金额、数量、重量或包装件数，与信用证或任何其他规定的单据不相矛盾。信用证另有规定的除外。

**第二十七条** 如果打字错误不影响其所在句子含义，则不认为单据不符。其中，发票内容、要素出现打字错误以及其他单据中的货物或服务描述、地名和公司名称打字错误除外。例如，将"型号123"写成了"型号132"将不被视为打字错误，而构成不符点。

**第二十八条** 当一份单据包括不止一页时，须能够确定这些不同页张同属一份单据。一般情况下，被装订在一起，按序编号或内部交叉援引的多页单据，无论其名称或标题如何，即使其中有些页张被视作附件，都将被作为一份单据来审核，除非信用证或单据另有规定。

当要求多页单据载有签字或背书，而信用证或单据自身未规定签字或背书的位置时，签字或背书可以出现在该单据的任何位置。

**第二十九条** 如信用证明确规定唛头的细节，载有唛头的单据须显示该细节。单据唛头中的数据内容，无需与其在信用证或任何其他规定单据中的顺序相同。

某一单据上显示的唛头可以显示其数据内容超出通常所认为的"唛头"或信用证明确规定的"唛头"，诸如货物类型、处理易碎货物的警告或货物毛净重等额外信息。

集装箱货物的运输单据经常在"唛头"或类似称谓下仅仅显示带有或不带有铅封号的集装箱号码，而其他单据显示了更详尽的唛头细节，并不因此构成矛盾。一些单据的唛头显示了前款所提及的额外信息而其他单据没有显示，不被视为数据内容矛盾。

**第三十条** 单据可以使用信用证要求的名称或相似名称，或无名称。单据内容须看似满足所要求单据的功能。例如，信用证要求"装箱单"，提交的单据含有包装细节即满足该要求，无论其名称为"装箱记录"、"装箱和重量单"或者无名称。

信用证要求的单据应作为单独单据分别提交。但在某些情形下可提交合并单据，例如，信用证要求一份正本装箱单和一份正本重量单，可以提交两份单独的正本单据，也可提交两份合并的正本装箱单和正本重量单，只要该单据同时表明了包装和重量两项细节。

如信用证要求单据涵盖不止一项功能，可以提交看似满足每项功能的合并单据或分开的单据。例如，如信用证要求提交质量和数量证明书，那么，提交合并的质量和数量证明书，或提交分开的质量证明书和数量证明书均可满足要求，只要每种单据看似满足其功能，且提交了信用证所要求的正本与副本份数。

**第三十一条** 如果信用证要求提交本规则未提及的单据，只要提交的单据内容看似满足信用证要求及单据功能，且其他方面符合本规则，银行将接受该单据。

## 第四章 发 票

**第三十二条** 发票包括但不限于增值税普通发票、增值税专用发票、行业发票、专用发票。

行业发票是指用于某个行业和经营业务，如商业零售统一发票、商业批发统一发票、工业企业产品销售统一发票等。

专用发票适用于某一经营项目，如广告费用结算发票、商品房销售发票等。

第三十三条　发票须是税务部门统一监制的原始正本发票，且应当套印全国统一发票监制章，且增值税发票须为通过税控装置制作的原始正本。

除信用证另有规定外，发票应由受益人按照信用证要求的种类出具，并加盖发票专用章。

第三十四条　发票显示的货物或服务描述应与信用证规定相符，但不要求镜像一致。例如，货物细节可以在发票上多处显示，只要一并解读时，其表明的货物描述与信用证规定相符。

第三十五条　发票上的货物或服务的描述须反映实际装运或交付的货物或提供的服务。例如，信用证的货物描述要求装运"10辆卡车和5辆拖拉机"，只要信用证不禁止分批装运，发票可以显示仅装运4辆卡车。

第三十六条　发票须标明所发运或提供的货物或服务的货币价值。

第三十七条　除信用证为已转让信用证或信用证有其他规定的，发票应以开证申请人为抬头出具。已转让信用证项下，发票可由第二受益人开给第一受益人。

第三十八条　除信用证另有规定外，发票不得显示：

（一）溢装（第三十九条规定的情形除外）；

（二）信用证未要求的货物或服务（包括样品、广告材料等），即使注明免费。

第三十九条　发票上显示信用证规定的货物数量可以在5%的溢短装浮动幅度之内。货物数量最高上浮5%的变动不允许交单项下的索款金额超过信用证金额。货物数量的5%溢短装浮动幅度，不适用于下列情形：

（一）信用证规定货物数量不得超过或减少；

（二）信用证以包装单位件数或货物自身件数规定数量。

**第四十条** 如信用证未规定货物数量，且禁止分批装运，那么发票金额在信用证金额的最多5%的减幅之内，将被视为发票涵盖全部货物数量，不被视为分批装运。

**第四十一条** 如果信用证允许货物分批装运，且信用证以包装单位件数或货物自身件数计数，则分批装运须以整件包装单位件数或货物自身件数进行。例如，信用证的货物描述要求装运"10台机床"，但仅装运了4台机床和部分机床零件的单据将被拒绝。

**第四十二条** 如果信用证要求分期装运或分期提供，则每期装运或提供须与信用证规定的分期时间表一致。当信用证要求在既定期间内分期装运或提供，而任何一期未按信用证规定期限装运或提供的，信用证对该期及以后任何各期均告失效。

"既定期间"指确定每期开始日期和结束日期的日期或时间序列。例如，信用证要求3月份、4月份、5月份各装运100辆汽车，这表示信用证分三期装运，第一期开始于3月1日结束于3月31日，第二期开始于4月1日结束于4月30日，第三期开始于5月1日结束于5月31日。如果第一期货物未在3月份装运，则信用证对3月份、4月份及5月份的各期均告失效。

**第四十三条** 受益人出具增值税普通发票的，应提交发票联；受益人出具增值税专用发票的，应同时提交发票联和抵扣联；提交其他联或副本则视为不符。

（一）除信用证另有规定外，增值税发票的"购货单位"栏中，"名称"须与信用证申请人一致；

（二）已转让信用证项下，增值税发票可由第二受益人开给第一受益人；

（三）增值税发票须显示信用证中规定的货物或服务描述，且描述与信用证规定相符。"货物或应税劳务名称"、"规格型号"、"单位"、"数量"应与信用证中的"货物/服务描述"相符；

（四）增值税发票"价税合计"栏的大小写金额须一致；

（五）除信用证另有规定，增值税发票的"销货单位"栏中："名称"须与信用证受益人一致；"纳税人识别号"或"税务登记号"应与发票专用章中显示的编号一致；

（六）除信用证中另有规定，增值税发票应在备注栏内注明"信用证编号"、"合同编号"或可以表明其含义的类似字样，以及信用证编号、合同编号。

**第四十四条**　发票本身注明"手写无效"或类似表述的，发票中不得出现手写内容。

发票本身未注明"手写无效"或类似表述的，可以在发票中出现手写补充内容，且所补充内容仅为满足信用证要求填写，而发票本身并不需要，如在备注栏补充手写信用证编号、合同号等。

不论发票是否有"手写无效"或类似表述，发票中不得有手写修订内容。

## 第五章　公路、铁路、内河、航空运输单据

**第四十五条**　信用证要求公路、铁路、内河、航空运输单据（本章简称"运输单据"），无论名称如何，只要单据类型与信用证规定相符，银行可予接受。

**第四十六条**　运输单据表面须表明承运人名称并由承运人或其具名代理人盖章，本规则另有规定的除外。

承运人的具名分支机构盖章将视同由承运人作出。承运人或其具名代理人应在运输单据上表明其承运人或代理人的身份并加盖印章。

铁路运输单据可以由铁路运输公司或出发地火车站加盖日期印戳，而无须显示承运人名称或代表承运人的具名代理人名称。

**第四十七条**　空运单据须载有承运条款和条件，或提示条款和条件参见别处，但银行不审核承运条款和条件的具体内容。

**第四十八条**　如果信用证规定"货代空运单可接受"、"运输行空运分运单可接受"或使用了类似表述，则空运单据可由任何出单人签

署，而不必注明其签署身份或承运人名称。

**第四十九条** 运输单据表面应注明货物在信用证规定地点的发运日期，或者收讫待运日期。运输单据上注明了收讫待运日期或发运日期，该日期即视为装运日期；无法判断收讫待运或发运日期的，则单据出具日期即视为装运日期。

空运单据上注明了实际装运日期的，该批注日期视为装运日期。

**第五十条** 运输单据须注明信用证规定的货物装运地、目的地、交货地。

本规则所称货物装运地、目的地、交货地，指地点、港口、机场等的统称。

如果信用证仅规定了货物装运地、目的地、交货地的地理区域或范围，则运输单据须表明实际的货物装运地、目的地、交货地，且须位于信用证规定的地理区域或范围之内。

**第五十一条** 空运单据用 IATA（国际航空运输协会，International Air Transport Association）代码而非机场全称（例如用 PEK 来代表北京首都国际机场）表示机场名称不构成不符点。

**第五十二条** 运输单据须看似为开给发货人或托运人的正本，或没有任何标记表明开给何人。不论运输单据是否注明为正本，在单据未注明正本数量的情况下，银行将视所提交的运输单据为全套正本予以接受。

空运单据须看似为"发货人或托运人收执的正本联"。当信用证要求全套正本时，提交一份显示其为出具给发货人或托运人的正本空运单据或正本公路、铁路运输单据即满足要求。

无论是否标注为正本，铁路和内河运输单据将被视为正本。

**第五十三条** 如信用证规定一个或多个被通知人，单据也可以额外显示其他的一个或多个被通知人。

如信用证未规定被通知人，单据可以任何方式显示任何被通知人。但如将申请人作为被通知人，则其显示在单据上的联络细节（电话、传真、电子邮件等）须与信用证规定一致。

　　**第五十四条**　本章所规定的运输单据不应做成空白指示或凭具名人指示式抬头。即使信用证要求将非物权凭证的运输单据做成空白指示或凭具名人指示式抬头，如提交的单据显示该具名人、开证行或申请人为收货人，即使其没有"凭指示"或"凭具名人指示"字样，也可接受。

　　**第五十五条**　就本章而言，转运是指在信用证项下货物在规定的运输过程中，以同一运输方式从一运输工具卸下再装上另一运输工具的行为。

　　**第五十六条**　由多个运输工具（多辆卡车、多列火车、多艘轮船等）进行的运输系分批装运，即使这些运输工具同日出发并驶往同一目的地/交货地。

　　**第五十七条**　如信用证禁止分批装运，而提交的多套运输单据涵盖货物从一个或多个装运的地点（信用证特别允许的或在其规定的地理区域内）装运，只要单据涵盖的货物运输是由同一运输工具经同一行程前往同一目的地/交货地，则不视为分批装运。

　　如信用证禁止分批装运，且提交的多套运输单据载有不同的装运日期，则以其中最迟的日期计算交单期限，且该日期须在信用证规定的最迟装运日期之前或当日。

　　如信用证允许分批装运，且提交的多套运输单据作为同一交单面函项下单一交单的一部分，并载有经由不同的运输工具或不同行程的同一运输工具的不同装运日期，则须以其中最早的日期计算交单期限，且所有这些日期须在信用证规定的最迟装运日期之前或当日。

　　**第五十八条**　如信用证规定运费以外的费用不可接受，则不得显示运费以外的费用已经或将要产生。运输单据显示的运费支付声明，无需与信用证规定逐字对应一致，但不得与该单据、任何其他规定的单据或信用证规定相矛盾。例如，当信用证要求运输单据标注"运费待收"时，其可以标注为"运费目的地支付"。

　　如信用证要求运输单据显示运费已预付或运费目的地待收，须在单据中明确。

第五十九条　涉及可能加收的费用，例如卸货或卸货后的延迟费用，不属于显示运费以外的额外费用。

第六十条　运输单据不得载有明确声明货物或包装状况有缺陷的条款。例如：

（一）单据上载有"包装无法满足航空航程/公路/铁路/内河运程"或类似表述的条款，即属于明确声明包装状况有缺陷。

（二）单据上载有的"包装可能无法满足航空航程/公路/铁路/内河运程"或类似表述的条款，并非明确声明包装状况有缺陷。

第六十一条　如果单据上曾显示"清洁"字样但又被删除，并不视为有不清洁条款或不清洁，除非其载有特别声明货物或包装有缺陷的条款或批注。

# 第六章　提　单

第六十二条　如果信用证要求提交仅涵盖港至港运输的运输单据，即信用证没有提及收货地、接管地或最终目的地，无论名称如何，该单据的审核将适用本章内容。

本章提到的"提单"无需标明"海运提单"、"海洋提单"、"港至港提单"或类似名称，即使信用证如此规定。

第六十三条　如信用证规定"货代提单可接受"或类似表述，则提单可由出具人签署，而不必注明其签署身份或承运人名称。

如信用证规定"货代提单不可接受"或类似表述，除非信用证对提单如何出具和签署作出明确要求，否则该规定对提单的名称、格式、内容或签署没有任何约束，银行将不予理会，所提交的提单须按照本章要求审核。

第六十四条　提单须表明承运人名称，并由以下人员签署：

（一）承运人或其具名代理人；

（二）船长或其具名代理人。

承运人、船长或代理人的任何签字须标明其承运人、船长或代理人的身份。

代理人的任何签字须标明其系代表承运人还是船长签字。

第六十五条　如提单由承运人的具名分支机构签署，该签字将视同由承运人作出。

如提单由代理人代理或代表承运人签署，则该代理人须具名。此外，还须表明其签署身份为"承运人（承运人名称）代理人"或"承运人（承运人名称）代表"或类似表述。

如提单由船长签署，船长签字须表明"船长"身份，无需注明船长姓名。

如提单由代理人代理或代表船长签署，则该代理人须具名。

此外，还须表明其签署身份为"船长代理"或类似表述。无需注明船长姓名。

第六十六条　如提交预先印就"已装船"字样的提单，其出具日期将被视为装运日期，除非其载有单独注明日期的装船批注。在后一种情况下，该装船批注日期视为装运日期，不论其早于或晚于提单的出具日期。装船批注日期也可以显示在指定栏位。

尽管信用证可能要求提单表明港至港运输，但是，如提单显示与装货港相同的收货地，例如，收货地为天津集装箱堆场，装货港为天津，且（在前程运输栏位或收货地栏位）未显示前程运输工具；或者如提单显示不同于装货港的收货地，例如，收货地为大连，装货港为天津，且（在前程运输栏位或收货地栏位）未显示前程运输工具，那么：

如提单预先印就"已装船"字样，则其出具日期将被视为装运日期，而无需再加装船批注。

如提单预先印就"收妥待运"字样，则该提单须载有注明日期的装船批注，而此装船批注日期将被视为装运日期。此装船批注日期也可以显示在指定栏位。

尽管信用证可能要求提单表明港至港运输，但是如果提单显示不同于装货港的收货地。例如，收货地为大连，装货港天津，且（在前程运输或收货地一栏）显示前程运输工具，那么无论其是否预先印就

"已装船"或"收妥待运"字样，该提单都须载有注明日期的装船批注，此项批注还须包括船名和信用证规定的装货港。此项批注也可以显示在指定栏位。装船批注或指定栏位显示的日期将被视为装运日期。

尽管信用证可能要求提单表明港至港运输，但是如果提单（在前程运输栏位或收货地栏位）显示前程运输工具，那么无论其是否显示收货地，或无论其是否预先印就"已装船"或"收妥待运"字样，该提单都须载有注明日期的装船批注，此项批注还须包括船名和信用证规定的装货港。

**第六十七条** 如提单显示，"当收货地栏位被填写时，该提单上任何'已装船'、'已装载船上'或类似表述的批注，将被视为货物已装载到从收货地至装货港的前程运输工具上"或类似表述，且收货地栏位已被填写，则该提单须载有注明日期的装船批注。此项注明日期的装船批注还须包括船名和信用证规定的装货港。此项批注也可以显示在指定栏位。装船批注或指定栏位或方框中显示的日期将被视为装运日期。

**第六十八条** 信用证要求的具名装货港应显示在提单的装货港栏位。然而，只要注明日期的装船批注证明货物在"收货地"或类似栏位的港口已装上具名船只，该具名装货港也可以显示在标有"收货地"或类似栏位。

**第六十九条** 提单须显示信用证规定的装货港。信用证规定装货港时如注明该港口的所在省市，提单也无需注明该省市名称。

**第七十条** 如信用证规定装货港的地理区域或港口范围（如"任一福建港口"），提单须显示实际的装货港，且该港口须位于此地理区域或港口范围之内。提单无需显示此地理区域。

**第七十一条** "已发运且表面状况良好"、"已载于船"、"清洁已装船"或其他包含"已发运"或"已装船"或类似字样的批注与"已装船发运"具有同样效力。

**第七十二条** 信用证要求的具名卸货港应显示在提单上的卸货港栏位。然而，该具名卸货港可以显示在标有"最终目的地"或栏位，只要有批注证明卸货港是"最终目的地"或类似栏位的港口。例如，信用证要求货物运送至天津港，但天津港显示为最终目的地而非卸货港，可通过"卸货港天津"的批注予以证明。

**第七十三条** 提单须显示信用证规定的卸货港。即使信用证规定卸货港时亦注明该港口的所在省市，提单也无需显示该省市名称。

**第七十四条** 如信用证规定卸货港的地理区域或港口范围（如"任一山东港口"），提单须显示实际的卸货港，且该港口须位于此地理区域或港口范围之内。提单无需显示此地理区域。

**第七十五条** 提单须注明所出具的正本份数。

注明为"第一正本"、"第二正本"、"第三正本"、或"正本"、"第二联"、"第三联"或类似字样的提单均视为正本。

**第七十六条** 如信用证要求提单表明以具名实体为收货人，而非"凭指示"或"凭（具名实体）指示"，则提交的提单不得显示"凭指示"、"凭……指示"字样、"或凭指示"字样，无论该字样是打印还是预先印就的。

**第七十七条** 如提单收货人为"凭指示"或"凭托运人指示"，则该提单须由托运人背书。该背书也可以由托运人以外的具名实体作出，只要该背书是代表托运人作出。

如信用证要求提单表明收货人为"凭（具名实体）指示"，则该提单不得显示货物直交该具名实体。

**第七十八条** 如信用证规定一个或多个被通知人的细节，提单也可显示其他的一个或多个被通知人的细节。

如信用证未规定被通知人的细节，提单可以任何方式显示任何被通知人的细节，下条规定情形除外。

**第七十九条** 如信用证未规定被通知人的细节，而申请人地址和联络方式等信息作为被通知人显示在提单上，则不得与信用证所述矛盾。

**第八十条** 如信用证要求提单表明收货人为"开证行"、"申请人"或凭"开证行"、"申请人"指示，或通知"申请人"、"开证行"，提单须显示开证行或申请人名称，但无需显示信用证可能规定的开证行或申请人任何联络细节。

**第八十一条** 如申请人地址和联络细节显示为收货人或被通知人细节的一部分，其应与信用证规定相同。

**第八十二条** 就本章而言，转运是指在从信用证规定的装货港到卸货港的运输过程中，将货物从一艘船卸下再装上另一艘船的行为。如提单未显示在这两个港口之间进行卸货和重装，则不属于转运。

由一艘以上的船只进行运输为分批装运，即使这些船只在同一天出发并前往同一目的地。

**第八十三条** 如信用证禁止分批装运，且提交的多份正本提单涵盖货物从一个或多个装货港（信用证明确允许，在其规定的地理区域或港口范围内）装运，则每份提单都须显示其涵盖的货物运输是由同一船只经同一航程前往同一卸货港。

如信用证禁止分批装运，且提交的多份正本提单载有不同的装运日期，则须以其中最迟的日期计算交单期限，且该日期须在信用证规定的最迟装运日期之前或当日。

如信用证允许分批装运，且提交的多份正本提单作为同一面函项下交单的一部分，并载有装在不同船上或不同航程的同一船上的不同装运日期，则须以其中最早的日期计算交单期限，且所有日期不得晚于信用证规定的最迟装运日期。

**第八十四条** 提单不得载有明确声明货物或包装状况有缺陷的条款。例如：

（一）提单上载有"包装无法满足海运航程"或类似表述的条款，即属于明确声明包装状况有缺陷的例子。

（二）提单上载有"包装可能无法满足海运航程"或类似表述的条款，并非明确声明包装状况有缺陷状况。

**第八十五条** 如果提单上曾显示"清洁"字样，但又被删除，并不视为有不清洁条款或不清洁，除非其载有特别声明货物或包装有缺陷的条款或批注。

第八十六条　提单上的货物描述可以使用与信用证所规定的货物描述不相矛盾的统称。

第八十七条　如信用证要求提单显示卸货港的交货代理人或类似机构的名称、地址和联络细节，其地址无需位于卸货港，也无需位于卸货港所在的同一省市。

第八十八条　提单上数据内容的任何更正须经证实。该证实须看似由承运人、船长，或其任一具名代理人所为，该代理人可以与出具或签署该提单的代理人不同，只要表明其作为承运人或船长的代理人身份。

不可转让的提单副本无需含有其正本上可能作过的对任何更正的证实。

第八十九条　提单显示的运费支付声明无需与信用证规定的逐字一致，但不得与该单据、任何其他规定的单据或信用证规定相矛盾。例如，当信用证要求提单标注"运费目的地支付"时，其可以标注为"运费待收"。

第九十条　如信用证规定运费以外的费用不可接受，则提单不得显示运费以外的费用已经或将要产生。

表明运费以外的费用，可以通过明确提及该额外费用、或使用与货物装卸费用相关的贸易术语的方式，诸如但不限于，"船方不管装货"、"船方不管卸货"、"船方不管装卸货"。

提单提到可能加收的费用，例如，卸货或卸货后的延迟费用（滞期费）或迟还集装箱的费用（滞箱费），不属于显示运费以外的额外费用。

第九十一条　提单不得明确声明，该提单项下货物须凭该单据及其他一套或多套提单一并交付方可释放，除非所有提及的提单构成同一信用证项下同一交单的一部分。

例如，"YYY 号和 ZZZ 号提单所涵盖的×××号集装箱项下货物，只能被释放给提交全部提单的单个商人"，即被视为在释放货物前，须交付与所述集装箱或包装单位相关的其他一套或多套提单的明确声明。

# 第七章　邮政（快递）收据

**第九十二条**　证明货物收讫待运的邮政收据应由邮政机构在货物发运地点盖章并注明取件或收件的日期，该日期将被视为装运日期。

**第九十三条**　证明货物收讫待运的快递收据须表明快递机构的名称，并在信用证规定的货物发运地点由该具名快递机构盖章或签字；快递收据还须表明取件或收件的日期。该日期将被视为装运日期。

**第九十四条**　邮政收据或快递收据须注明信用证规定的装运地和目的地/交货地。

**第九十五条**　如果要求显示邮递/快递费用付讫或预付，邮政/快递机构出具的表明邮递/快递费由收货人以外的一方支付的邮政收据或快递收据可以满足该项要求。

# 第八章　保险单据

**第九十六条**　如果信用证要求提交诸如保险单或者预约保险下的保险证明书或保险声明书之类的保险单据，则本章内容适用。

如果信用证要求提交预约保险项下的保险证明书或保险声明书，提交保险单可以接受。暂保单将不被接受。

**第九十七条**　保险单据须看似由保险公司出具并签署，并须加盖公司章或授权人签名章。

如保险单据表明由一个以上的保险人承保，该保险单据可以由一个保险人代表所有共同保险人签署，但须显示每个保险人的名称以及各自的承保比例。

**第九十八条**　保险单据的签发日期不得迟于运输单据注明的装运日期或信用证规定的服务提供日期。除非保险单据表明保险责任不迟于装运日期或服务提供日期生效。

**第九十九条**　保险单据须表明保险金额并以人民币表示。

除信用证另有规定外，保险单据的保险金额不得低于发票上的货物或服务金额。

**第一百条** 信用证应规定所需投保的险别种类及必要的附加险（如有的话）。

保险单据须涵盖信用证要求承保的条款名称及险别种类，并明确所投保的险别种类，如国内水路、陆路货物运输保险条款基本险，国内水路、陆路货物运输保险条款综合险，海洋运输货物保险条款平安险，海洋运输货物保险条款水渍险，海洋运输货物保险条款一切险等。

对运输同一风险的保险须由同一保险单据涵盖，除非每一份涵盖部分保险的保险单据以百分比或其他方式明确反映每一保险人负责的保险金额。每一保险人将各自承担责任份额，不受其它保险人可能已承保的该次运输的保险责任的影响。

**第一百零一条** 在货物贸易项下，保险单据须表明承保的风险区间至少涵盖信用证规定的装运地到最终目的地/交货地。

**第一百零二条** 除信用证另有规定外，银行将接受标注有免赔率或免赔额（或减除额）约束的保险单据。保险单据可表明保险受相对免赔或绝对免赔约束。如信用证要求保险不计免赔率，则保险单据不得含有表明保险受相对免赔或绝对免赔约束的条款。保险单据无需注明"不计免赔率"。

**第一百零三条** 如信用证对被保险人未做规定，则保险单据表明赔付的受益人应为开证行或申请人，不得表明将赔付给信用证的受益人，也不得表明可根据开证行或申请人以外的任何实体指示赔付。

## 第九章　服务贸易项下有关单据

**第一百零四条** 服务贸易项下单据包括但不限于装修单、验收单以及劳务确认书。

**第一百零五条** 除信用证另有规定外，本章提到的装修单仅限于装修竣工验收单（包括阶段性竣工验收单等）。装修单须明确记载装修工程的施工地址。装修单须由装修公司出具并盖章，且须明确记载工程开始日期、竣工日期及验收日期。

装修单上须有申请人或信用证规定的第三方签署的"验收合格，同意结算装修款"字样或类似表述，并签字和盖章，且应有工程监理方的签字和盖章，装修单上工程监理方签字人，应表明其为工程监理方。

**第一百零六条** 除信用证另有规定外，本章提到的验收单仅限于建筑工程施工（包括阶段性建筑工程施工验收单等），建筑工程施工验收单须明确记载建筑工程的施工地址。建筑工程施工验收单须由建筑工程施工公司出具并盖章，且须明确记载工程开始日期、竣工日期及验收日期。

建筑工程施工验收单上须有申请人或信用证规定的第三方签署的"验收合格，同意结算工程款"字样或类似表述，并签字和盖章，且应有工程监理方的签字和盖章，建筑工程施工验收单上工程监理方签字人，应表明其为工程监理方。

**第一百零七条** 除信用证另有规定外，本章提到的劳务确认书是指提供服务的公司出具并经劳动服务购买者确认的书面证明文件，劳务确认书须明确记载劳动服务的发生地点。劳务确认书须由劳动服务公司出具并盖章，且须明确记载劳动服务开始日期、结束日期及劳务确认书的出具日期。

劳务确认书上须有申请人或信用证规定的第三方签署的"验收合格，同意结算劳务款"字样或类似表述，并签字和盖章，劳务确认书出单人须表明身份。

## 第十章　货物收据、出/入库单、仓单

**第一百零八条** 货物收据、出/入库单、仓单须注明出具日期并盖章。

**第一百零九条** 货物收据应由开证申请人出具，信用证另有规定的除外。

货物收据应注明收发货人名称以及货物描述（名称、数量等）。除非信用证另有规定，或信用证为已转让信用证，收货人须为信用证的申请人。

信用证规定仅提交货物收据类单据作为交货单据时，货物收据注

明收货日期的，收货日期即视为货物装运日期；未注明收货日期的，货物收据的出具日期即视为货物装运日期。

货物收据上的货物描述可使用与信用证不相矛盾的统称，规格、数量等（如有）应与信用证及发票相符。

货物收据不得载有明确声明货物或包装状况有缺陷的条款。

**第一百一十条** 信用证规定仅提交出/入库单作为交货单据时，该单据的出具日期即视为货物装运日期。出/入库单上的货物描述可使用与信用证不相矛盾的统称，规格、数量等（如有）应与信用证及发票相符。

**第一百一十一条** 仓单表面须由仓库保管人签字或盖章，保管人的签字或印章须表明其保管人的身份。

**第一百一十二条** 仓单表面须载有存货人名称及地址、货权人（如有）名称及地址、货物描述（名称、数量等）、仓储地点以及存储期限。

仓单注明收货日期的，收货日期视为货物装运日期；未注明收货日期的，出具日期视为货物装运日期。

仓单上的货物描述可使用与信用证不相矛盾的统称，规格、数量等（如有）应与信用证及发票相符。

# 第十一章 附 则

**第一百一十三条** 本规则所附信用证凭证、信用证修改书、交单面函样式，各银行可参考使用。

**第一百一十四条** 国家法律法规及部门规章另有规定的，从其规定。

**第一百一十五条** 本规则由中国支付清算协会会同中国银行业协会解释，自 2016 年 10 月 8 日起实施。

附件：1. ××银行国内信用证
     2. ××银行国内信用证修改书
     3. ××银行国内信用证交单面函

附件1

# ××银行国内信用证

开证日期：_____年_____月_____日　信用证编号：_____

<table>
<tr><td rowspan="3">开证申请人</td><td>全称</td><td></td><td rowspan="3">受益人</td><td>全称</td><td></td></tr>
<tr><td>地址邮编</td><td></td><td>地址邮编</td><td></td></tr>
<tr><td>电话</td><td></td><td>电话</td><td></td></tr>
<tr><td>信用证金额</td><td colspan="5">人民币（大小写）</td></tr>
<tr><td>通知行名称、行号、地址及邮编</td><td colspan="5"></td></tr>
<tr><td>有效期及有效地点</td><td colspan="5"></td></tr>
<tr><td>是否可议付</td><td colspan="5">□以下银行可议付　　□任意银行可议付　　□不可议付</td></tr>
<tr><td>议付行名称及行号</td><td colspan="5"></td></tr>
<tr><td>是否可转让</td><td colspan="5">□可转让　　□不可转让</td></tr>
<tr><td>转让行名称及行号</td><td colspan="5"></td></tr>
<tr><td>是否可保兑</td><td colspan="5">□可保兑　　□不可保兑</td></tr>
<tr><td>保兑行名称及行号</td><td colspan="5"></td></tr>
</table>

（本文□选项以勾选为准）

交单期：_____

付款期限：□即期　　　□远期

　　　　　　　　　　□货物装运日/服务交付日后_____天

　　　　　　　　　　□见单后_____天

　　　　　　　　　　□货物收据签发日/服务提供日后_____天

　　　　　　　　　　□其他

转　　运：□允许　　　□不允许

货物运输或交货方式/服务方式：_____

分批装运货物/分次提供服务：□允许　　　□不允许

货物装运地（港）：　　　　　　货物目的地、交货地（港）：

服务提供地点：＿＿＿＿＿＿＿＿＿＿＿＿

最迟装运货物/服务提供日期：＿＿＿年＿＿＿月＿＿＿日，分期装

运/提供服务：＿＿＿＿＿＿＿＿＿

货物/服务描述：

受益人应提交的单据：

其他条款：

1. 溢短装条款比例。

2. 如果提交了单证不符的单据，我行将在付款时扣除＿＿＿元人民币的不符点费。

3.

4.

　　本信用证依据《国内信用证结算办法》开立。本信用证为不可撤销信用证。我行保证在收到相符单据后，履行付款的责任。如信用证为远期信用证，我行将在收到相符单据次日起五个营业日内确认付款，并在到期日付款；如信用证为即期信用证，我行将在收到相符单据次日起五个营业日内付款。议付行或交单行应将每次提交单据情况背书记录在正本信用证背面，并在交单面函中说明。

开证行全称：

地址及邮编：

电话：

传真：

　　　　　　　　　　　　　　　　　　　　开证行签章：

注：信开信用证一式四联，第一联正本，交受益人；第二联副本，通知行留存；第三联副本，开证行留存；第四联副本，开证申请人留存。

**交单记录（正本背面）**

| 交单日期 | 业务编号 | 交单金额 | 信用证余额 | 交单行/议付行名称 | 经办人签字 |
|---|---|---|---|---|---|
| | | | | | |
| | | | | | |
| | | | | | |

附件 2

# ××银行国内信用证修改书

编号：＿＿＿＿＿＿＿＿　修改日期：＿＿＿年＿＿月＿＿日

通知行全称：＿＿＿＿＿＿＿＿＿＿＿＿＿＿＿＿＿＿＿＿

地址及邮编：＿＿＿＿＿＿＿＿＿＿＿＿＿＿＿＿＿＿＿＿

　　我行现对＿＿＿年＿＿月＿＿日开立的编号为＿＿＿＿＿＿＿＿

的跟单国内信用证进行第＿＿＿次修改。

申请人全称：＿＿＿＿＿＿＿＿＿＿＿＿＿＿＿＿＿＿＿＿

　　地址：＿＿＿＿＿＿＿＿＿＿＿＿＿＿＿＿＿＿＿＿

受益人全称：＿＿＿＿＿＿＿＿＿＿＿＿＿＿＿＿＿＿＿＿

　　地址：＿＿＿＿＿＿＿＿＿＿＿＿＿＿＿＿＿＿＿＿

原证金额（大小写）：人民币＿＿＿＿＿＿＿＿＿＿＿＿＿＿

　　本次信用证修改内容如下：

1.

2.

3.

4.

　　原证其他条款不变。

　　本修改书依据《国内信用证结算办法》开立，本修改书是原信用证有效的组成部分，受益人需提交书面证明明确是否接受本次修改，对本次修改的内容不允许部分接受，部分接受将被视作拒绝接受修改。

　　本次修改费用由申请人承担。若该笔费用由受益人承担，我行将在支付交单款项时直接扣除，或通知交单行/议付行费用明细和付款指示，由交单行/议付行向受益人全额收取汇至我行。

开证行全称：＿＿＿＿＿＿＿＿＿＿＿＿＿＿＿＿＿＿＿＿

地址及邮编：＿＿＿＿＿＿＿＿＿＿＿＿＿＿＿＿＿＿＿＿

开证行行号：＿＿＿＿＿＿＿＿＿＿＿＿＿＿＿＿＿＿＿＿

电话：_____　　　传真：_____

开证行签章

注：信开信用证修改书一式四联，第一联正本，交受益人；第二联副本，通知行留存；第三联副本，开证行留存；第四联副本，开证申请人留存。

附件 3

# ××银行国内信用证交单面函

交单日期：_____年___月___日　　交单业务编号：_____

致：开证行全称：_____

　　开证行地址及邮编：_____

　　开证行 SWIFT 号：_____　　　开证行行号：_____

　　电话：_____　　　　　传真：_____

　　现将_____号国内信用证项下单据寄至贵行，发票_____号，发票金额（人民币）_____，我行对受益人　□已议付　□未议付。请按信用证规定及我行付款指示付款。

　　受益人名称：_____

　　付款期限：_____，到期日：_____

　　单据金额（大小写）：人民币_____

　　交单行费用（大小写）：人民币_____

　　费用明细：

　　索偿金额（大小写）：人民币_____

　　付款指示：

| 收款行名称 | |
|---|---|
| 收款行 SWIFT 号 | |
| 大额支付系统行号 | |
| 账户名 | |
| 账号 | |

　　单据及份数：

　　特别指示：

　　1. 请按照《国内信用证结算办法》及时付款或发出到期付款确

认书。

2. 若拒付，请及时向我行发出拒付通知，一次性列明凭以拒付的全部不符点及单据处理方式。

3. 请在该笔单据的后续业务中引用我行的交单业务编号。

4. 请在付款报文中引用我行编号：_____。

交单行全称：_____

交单行 SWIFT 号：_____

大额支付系统行号：_____

地址及邮编：_____

电话：_____        传真：_____

备注：我行已将本次交单情况背书记录在正本信用证背面。

交单行签章

注：本交单面函一式两联，一联随交单面函寄开证行；一联留存。

# 关于明确国内信用证业务有关问题的通知

〔2016〕 第 11 号

各有关商业银行：

　　根据会员单位前期提出的关于融资租赁业务、代理进口业务是否适用国内信用证进行支付的问题，协会组织部分会员单位专家进行了研究讨论，现予以明确，请知悉。

　　　　　　　　　　　　　　　　　　　中国支付清算协会
　　　　　　　　　　　　　　　　　　　2017 年 12 月 29 日

## 国内信用证问题解答
### （2017）

　　一、【融资租赁租金支付】根据增值税发票管理有关政策，在融资租赁售后回租业务中，出租人仅可开具利息部分的发票，而无法提供融资本金部分发票。在此背景下，如果承租人希望通过国内信用证支付包括本金和利息在内的租金，银行是否可以为其开立国内信用证？

　　答：根据《国内信用证结算办法》第三条，在可确保交易背景真实的情况下，银行可为融资租赁售后回租业务项下的承租人开立国内信用证，用于向出租人支付包括本金和利息在内的租金，但应严格审核相关材料。

　　（一）建议开证行在开证环节，严格审核贸易真实性和租赁公司资质，并要求开证申请人至少提交以下资料：

1. 融资租赁合同；

2. 证明融资租赁公司资质的资料，例如工商营业执照副本、实缴资本、股东背景资料、是否有国有集团或上市公司背景等其他条件；

3. 由申请人、受益人共同签署的租金支付表。

（二）建议在信用证条款中要求提交以下单据：

1. 融资租赁公司就售后回租合同项下收取的利息部分向承租人出具的原始正本增值税发票；

2. 由申请人、受益人共同签署的服务确认书，服务确认书须声明：受益人已完全适当地履行了售后回租的义务；

3. 由申请人、受益人共同签署的租金支付表（如有）；

4. 证实融资租赁公司在售后回租合同项下向承租人购买租赁物的单据（租赁物所有权转移凭证或租赁物价款付款凭证副本等）。

二、【融资租赁设备款支付】根据增值税发票管理有关政策，在融资租赁售后回租业务中，按照目前税法相关政策，承租人无法向融资租赁公司开具设备价款发票，在此背景下，如果融资租赁公司希望通过国内信用证支付租赁物价款，银行是否可以为其开立国内信用证？

答：根据《国内信用证结算办法》第三条，在确保交易背景真实的情况下，银行可在融资租赁售后回租业务项下为融资租赁公司办理国内信用证业务，用于向承租人支付租赁物价款，但开证行和交单行应在开证和交单环节分别严格审核相关材料。

（一）建议开证行在开证环节，应严格审核贸易真实性和租赁公司资质，建议要求开证申请人提交以下资料：

1. 融资租赁合同；

2. 融资租赁公司在售后回租合同项下收取的利息部分向承租人出具的增值税发票副本（如有）；

3. 由申请人、受益人共同签署的租金支付表。

（二）建议在信用证条款中要求提交以下单据：

1. 证实融资租赁公司在售后回租合同项下向承租人购买租赁物的单据，如：租赁物所有权转移凭证。

2. 表明承租人对租赁物原始所有权的凭证。

3. 由承租人出具并经融资租赁公司确认的租赁物价款的书面声明，标明信用证项下的支取金额。

三、在委托代理进口业务项下，代理方仅可向被代理方开具代理费部分的发票，无法开具货款部分的发票。在此背景下，如被代理方希望通过国内信用证支付货款及代理费，并提供进口项下运输单据、商业发票、报关单、海关税票等用于佐证贸易背景真实性，银行是否可为其开立国内信用证？

答：根据《国内信用证结算办法》第三条，在有可靠证据表明委托代理关系、贸易背景均为真实的情况下，银行可为被代理方开立国内信用证，用于向代理方支付货款及代理费，但应严格审核相关材料。信用证要求的发票为代理费发票即可。

（一）为合理控制风险，建议开证行在开证环节，严格审核委托代理关系真实性，并要求开证申请人至少提交以下资料：

1. 委托代理合同；

2. 代理方出具的付款通知书或结算单（如已开具）；

3. 进口贸易合同或其副本；

（二）建议在信用证条款中要求提交以下单据：

1. 代理费发票；

2. 进口项下货运单据副本；

3. 报关单（如有）、海关税票（如有）、进口商业发票副本（如有）。

受益人交单后，开证行及相关银行可通过外汇局系统核查进口报关/进口付汇情况等手段进一步验证贸易背景真实性。

# 关于印发《中国银行业协会商业银行福费廷业务指引》的通知

银协发〔2019〕156号

各会员单位：

为进一步防范业务风险，加强业务管理，更好地发挥福费廷业务在优化金融资源配置、降低企业融资成本、服务实体经济发展等方面的优势，结合我国当前贸易金融业务的发展态势及各商业银行的实际诉求，经中国银行业协会贸易金融专业委员会第三届常务委员会第四次会议审议表决，形成《中国银行业协会商业银行福费廷业务指引》。

现将《中国银行业协会商业银行福费廷业务指引》印发给你们，请认真学习，并根据实际业务参照执行。

附件：中国银行业协会商业银行福费廷业务指引

附件

## 中国银行业协会商业银行福费廷业务指引

**第一条** 为规范和促进商业银行福费廷业务一级、二级市场业务发展，加强相关业务跨行合作、防范业务风险，根据《中华人民共和国商业银行法》《中华人民共和国银行业监督管理法》《国内信用证结算办法》（中国人民银行、中国银行业监督管理委员会公告〔2016〕第10号）以及《银行业协会工作指引》《中国银行业协会章程》《跨行国内信用证产品指引（试行）》《福费廷统一规则》（URF800）等有关规定，制定本指引。

**第二条** 福费廷业务包括一级市场、二级市场买入及转卖业务。买入业务是指某银行无追索权地买断开证行/保兑行确认到期付款且未到期债权的业务；转卖业务是指某银行将已买断的未到期债权转让给其他包买商的业务。

**第三条** 银行需建立健全业务管理规章制度，运用 SWIFT 或其他各方认可的渠道传递信息，通过合作协议明确双方的权利和义务，合法合规开展相关业务合作。

**第四条** 福费廷是基于信用证等基础结算工具的贸易金融业务，具有贸易结算和融资的特点，是银行信用介入贸易融资链条的间接融资，属于贸易金融产品，应按照贸易金融惯例进行审查审批和单证处理，由贸易金融业务管理部门进行归口管理。

**第五条** 原则上从业人员应具备国际结算或贸易融资资历，熟悉贸易金融的相关产品和服务，具有国际结算单证处理经验和上岗资格，专业岗位人员应具备一定的英语能力，持有 CDCS 或 CITF 等贸易金融类证书。

**第六条** 加强贸易背景真实性核实，一级市场福费廷买入行掌握受益人的第一手资料，负责进行"了解你的客户"和"了解你的业务"等尽职调查、审查受益人资信、核实基础交易贸易背景的真实性。二级市场买入行对受让债权文件和贸易背景资料进行必要的审核，并关注开证行/保兑行的信用风险。

**第七条** 单证审核作为业务审批的重要依据，银行可以按照本行贸易金融单证处理模式集中处理或分级处理，业务涉及的信用证、往来 SWIFT 电文或其他各方认可的渠道传递信息及纸质单据不应互相冲突。

**第八条** 一级市场买入行对业务单据进行表面审核，认真审核信用证规定的所有单据，包括对单据之内、单据之间相互一致性的审核。在二级市场交易时，转卖银行应根据受让行的要求提供与原件一致的必要单据，做到单据传递的完整、准确、及时，不存在伪造、变造情形，二级市场买入行可依据转卖银行提供的材料进行审核。

**第九条** 一级市场买入行买断并持有的未到期债权真实有效、不可抗辩并且可自由转让，二级市场福费廷债权转让均基于双方的真实意思表示，通过 SWIFT 电文或其他合作双方认可的渠道进行债权让渡，确保债权和风险的真实转移。

**第十条** 福费廷会计核算应符合会计准则和监管的相关要求，买入行按照信贷类贸易融资表内会计科目核算，融资余额纳入信贷类广义信贷资产考核口径。

**第十一条** 银行开展一级及二级市场福费廷业务以实际持有期间取得的利息收入作为贷款服务销售额计算缴纳增值税，如收取手续费，应就手续费收入全额缴纳增值税。开展福费廷业务需要就利息开具发票的，由一级市场买入行按照利息收入全额向客户开具增值税普通发票，二级市场买入行按照利息收入全额向卖出行开具增值税普通发票。

**第十二条** 通过代理模式办理福费廷业务，即银行接受受益人的委托，以代理方式将开证行/保兑行确认到期付款的未到期债权卖断给第三方银行的，转卖银行比照本指引一级市场福费廷管理，买入银行比照本指引二级市场福费廷管理，双方权利、义务以双方签订的协议为准。

**第十三条** 本指引由中国银行业协会贸易金融专业委员会组织制定并负责解释。

**第十四条** 本指引自公布之日起施行。

# 最高人民法院关于审理信用证纠纷案件若干问题的规定

（2005 年 10 月 24 日最高人民法院审判委员会第 1368 次会议通过）

法释〔2005〕13 号

根据《中华人民共和国民法通则》、《中华人民共和国合同法》、《中华人民共和国担保法》、《中华人民共和国民事诉讼法》等法律，参照国际商会《跟单信用证统一惯例》等相关国际惯例，结合审判实践，就审理信用证纠纷案件的有关问题，制定本规定。

**第一条** 本规定所指的信用证纠纷案件，是指在信用证开立、通知、修改、撤销、保兑、议付、偿付等环节产生的纠纷。

**第二条** 人民法院审理信用证纠纷案件时，当事人约定适用相关国际惯例或者其他规定的，从其约定；当事人没有约定的，适用国际商会《跟单信用证统一惯例》或者其他相关国际惯例。

**第三条** 开证申请人与开证行之间因申请开立信用证而产生的欠款纠纷、委托人和受托人之间因委托开立信用证产生的纠纷、担保人为申请开立信用证或者委托开立信用证提供担保而产生的纠纷以及信用证项下融资产生的纠纷，适用本规定。

**第四条** 因申请开立信用证而产生的欠款纠纷、委托开立信用证纠纷和因此产生的担保纠纷以及信用证项下融资产生的纠纷应当适用中华人民共和国相关法律。涉外合同当事人对法律适用另有约定的除外。

第五条　开证行在作出付款、承兑或者履行信用证项下其他义务的承诺后，只要单据与信用证条款、单据与单据之间在表面上相符，开证行应当履行在信用证规定的期限内付款的义务。当事人以开证申请人与受益人之间的基础交易提出抗辩的，人民法院不予支持。具有本规定第八条的情形除外。

第六条　人民法院在审理信用证纠纷案件中涉及单证审查的，应当根据当事人约定适用的相关国际惯例或者其他规定进行；当事人没有约定的，应当按照国际商会《跟单信用证统一惯例》以及国际商会确定的相关标准，认定单据与信用证条款、单据与单据之间是否在表面上相符。

信用证项下单据与信用证条款之间、单据与单据之间在表面上不完全一致，但并不导致相互之间产生歧义的，不应认定为不符点。

第七条　开证行有独立审查单据的权利和义务，有权自行作出单据与信用证条款、单据与单据之间是否在表面上相符的决定，并自行决定接受或者拒绝接受单据与信用证条款、单据与单据之间的不符点。

开证行发现信用证项下存在不符点后，可以自行决定是否联系开证申请人接受不符点。开证申请人决定是否接受不符点，并不影响开证行最终决定是否接受不符点。开证行和开证申请人另有约定的除外。

开证行向受益人明确表示接受不符点的，应当承担付款责任。

开证行拒绝接受不符点时，受益人以开证申请人已接受不符点为由要求开证行承担信用证项下付款责任的，人民法院不予支持。

第八条　凡有下列情形之一的，应当认定存在信用证欺诈：

（一）受益人伪造单据或者提交记载内容虚假的单据；

（二）受益人恶意不交付货物或者交付的货物无价值；

（三）受益人和开证申请人或者其他第三方串通提交假单据，而没有真实的基础交易；

（四）其他进行信用证欺诈的情形。

第九条　开证申请人、开证行或者其他利害关系人发现有本规定

第八条的情形，并认为将会给其造成难以弥补的损害时，可以向有管辖权的人民法院申请中止支付信用证项下的款项。

**第十条** 人民法院认定存在信用证欺诈的，应当裁定中止支付或者判决终止支付信用证项下款项，但有下列情形之一的除外：

（一）开证行的指定人、授权人已按照开证行的指令善意地进行了付款；

（二）开证行或者其指定人、授权人已对信用证项下票据善意地作出了承兑；

（三）保兑行善意地履行了付款义务；

（四）议付行善意地进行了议付。

**第十一条** 当事人在起诉前申请中止支付信用证项下款项符合下列条件的，人民法院应予受理：

（一）受理申请的人民法院对该信用证纠纷案件享有管辖权；

（二）申请人提供的证据材料证明存在本规定第八条的情形；

（三）如不采取中止支付信用证项下款项的措施，将会使申请人的合法权益受到难以弥补的损害；

（四）申请人提供了可靠、充分的担保；

（五）不存在本规定第十条的情形。

当事人在诉讼中申请中止支付信用证项下款项的，应当符合前款第（二）、（三）、（四）、（五）项规定的条件。

**第十二条** 人民法院接受中止支付信用证项下款项申请后，必须在四十八小时内作出裁定；裁定中止支付的，应当立即开始执行。

人民法院作出中止支付信用证项下款项的裁定，应当列明申请人、被申请人和第三人。

**第十三条** 当事人对人民法院作出中止支付信用证项下款项的裁定有异议的，可以在裁定书送达之日起十日内向上一级人民法院申请复议。上一级人民法院应当自收到复议申请之日起十日内作出裁定。

复议期间，不停止原裁定的执行。

**第十四条** 人民法院在审理信用证欺诈案件过程中，必要时可以将信用证纠纷与基础交易纠纷一并审理。

当事人以基础交易欺诈为由起诉的，可以将与案件有关的开证行、议付行或者其他信用证法律关系的利害关系人列为第三人；第三人可以申请参加诉讼，人民法院也可以通知第三人参加诉讼。

**第十五条** 人民法院通过实体审理，认定构成信用证欺诈并且不存在本规定第十条的情形的，应当判决终止支付信用证项下的款项。

**第十六条** 保证人以开证行或者开证申请人接受不符点未征得其同意为由请求免除保证责任的，人民法院不予支持。保证合同另有约定的除外。

**第十七条** 开证申请人与开证行对信用证进行修改未征得保证人同意的，保证人只在原保证合同约定的或者法律规定的期间和范围内承担保证责任。保证合同另有约定的除外。

**第十八条** 本规定自 2006 年 1 月 1 日起施行。

# 主要参考文献

［1］国内信用证结算办法．中国人民银行，中国银行业监督管理委员会〔2016〕第 10 号．

［2］国内信用证审单规则．中国支付清算协会，中国银行业协会公告〔2016〕第 11 号．

［3］关于明确国内信用证业务有关问题的通知．中国支付清算协会 2017 年 12 月 29 日．

［4］关于印发《中国银行业协会商业银行福费廷业务指引》的通知，银协发〔2019〕156 号．

［5］最高人民法院《关于审理信用证纠纷案件若干问题的规定》．中华人民共和国最高人民法院公告法释〔2005〕13 号．

［6］国际商会．跟单信用证统一惯例（UCP600）［M］．北京：中国民主法制出版社，2007．

［7］国际商会．关于审核 UCP600 下单据的国际标准银行实务（ISBP）［M］．北京：中国民主法制出版社，2013．

［8］国际商会．UCP600 评述：UCP600 起草工作组的逐条分析［M］．北京：中国民主法制出版社，2007．

［9］程军，贾浩．UCP600 实务精解［M］．北京：中国民主法制出版社，2007．

［10］阎之大．UCP600 解读与例证［M］．北京：中国商务出版社，2007．

［11］林建煌．品读信用证融资原理［M］．北京：中国民主法制出版社，2011．

［12］周红军，阎之大．国际结算函电实务［M］．北京：中国海关出版社，2010．

［13］金赛波，李健．信用证法律［M］．北京：法律出版社，2003.

［14］金赛波．中国信用证法律和重要案例点评［M］．北京：对外经济贸易大学出版社，2003.

［15］阎之大．国际结算焦点实务与风险技术案例［M］．香港：中国文献出版社，2012.

［16］国际商会、国际福费廷协会．福费廷统一规则（URF800）［M］．北京：中国民主法制出版社，2014.

［17］周红军．福费廷［M］．北京：中国海关出版社，2007.

［18］查忠民，金赛波．福费廷实务操作与风险管理［M］．北京：法律出版社，2005.

［19］投友亲金融信息服务公司．寰宇贸融福费廷惯例［M］．厦门：厦门大学出版社，2018.

［20］林治洪，罗勇．交易金融［M］．北京：中国金融出版社，2017.

［21］苏宗祥，徐捷．国际结算［M］．第6版．北京：中国金融出版社，2015.

［22］徐捷．国际贸易融资——实务与案例［M］．北京：中国金融出版社，2013.

［23］周红军．最新国际贸易结算管理与操作实务［M］．北京：中国金融出版社，2005.

［24］于强．香港银行押汇实务［M］．杭州：浙江大学出版社，2006.

［25］马晓华．贸易金融业务创新发展探究［M］．北京：中国财政经济出版社，2015.

［26］国际商会．见索即付保函统一规则（URDG758）［M］．北京：中国民主法制出版社，2010.

［27］周红军，蔡俊锋．解读URDG758［M］．北京：中国民主法制出版社，2010.

［28］周红军．国际担保［M］．北京：中国金融出版社，2014．

［29］周玉坤．形式与本质：出口信用保险基础问题研究［M］．北京：中国金融出版社，2017．

［30］陆强华，杨志宁．深度支付［M］．北京：中国金融出版社，2018．

［31］中生代技术社区．架构宝典［M］．北京：电子工业出版社，2019．

［32］王健．电子商务——企业角度［M］．北京：高等教育出版社，2007．

［33］王健，朱明侠，王淑霞，谢毅斌．电子贸易［M］．北京：清华大学出版社，2006．